Um certo
Henrique Bertaso

2005
centenário de

Erico
Verissimo

Erico Verissimo

Um certo Henrique Bertaso

Pequeno retrato em que o pintor também aparece

Ilustração
Rodrigo Andrade

Prefácio
Luis Fernando Verissimo

Companhia Das Letras

"L'homme est ce qu'il fait."
(Palavras duma personagem
de André Malraux.)

10 Prefácio — *Luis Fernando Verissimo*

13 Um certo Henrique Bertaso

87 Crônica biográfica e literária

92 Biografia de Erico Verissimo

Prefácio

Não me lembro de um tempo em que a família Bertaso não fizesse parte das nossas vidas. A ligação com os Bertaso já existia antes da minha irmã Clarissa nascer. Nossos pais eram vizinhos da Luíza e do Henrique Bertaso e, na falta de uma criança em casa, pediam emprestado o caçula deles, Fernando. Quando me perguntam se o personagem Fernando de "As aventuras do avião vermelho" sou eu, sou obrigado a dizer que não, é o outro. Meu pai e o Henrique Bertaso trabalhavam juntos e as famílias conviviam socialmente. Luíza era madrinha da Clarissa. Quando nos mudamos para uma casa num arrabalde de Porto Alegre, volta e meia era anunciado, com alguma trepidação: "Os guris da Madrinha vêm aí". Significava que o Fernando, já crescido, e o Cláudio iriam passar a tarde conosco. Os dois movimentavam a casa e a vizinhança, era um alívio generalizado quando partiam. (José Otávio, o irmão mais velho, não participava da invasão). Certa vez, com meus catorze anos, fui deixado aos cuidados da "Madrinha" enquanto meus pais foram para a praia. Eu me recuperava de uma operação de cisto bem na ponta do cóccix, com perdão do detalhe. Precisava de um curativo todos os dias, depois do banho, e todos os dias deitava de bruços enquanto a "Madrinha" e um sério staff de empregadas faziam o curativo. Se dependesse da "Madrinha", elas também me dariam banho. Os Bertaso tinham uma cozinheira chamada Erecina e faz parte do folclore das duas famílias que, ainda pequeno, eu costumava recusar a comida que queriam me dar e exigir, choramingando, "o feijão da Erecina". Meus pais e a Luíza e o Henrique fizeram muitas viagens juntos — inclusive uma, de carro, de Porto Alegre a Salvador da Bahia. O pai e o Henrique jogavam tênis todos os sábados. E qualquer ocasião era razão para as duas famílias se reunirem e festejarem sua amizade.

Faltou dizer qual era o trabalho que meu pai e o Henrique Bertaso faziam juntos. Trabalhavam na Editora Globo, que o Henrique começou como um adendo à Livraria do Globo e que os dois transformaram na mais importante editora brasileira da sua época.

Graças à visão e ao espírito empreendedor do Henrique, com a assessoria do meu pai, o Brasil conheceu os maiores escritores do século e de séculos passados, e alguns importantes novos escritores nacionais. E uma pequena editora de Porto Alegre cresceu a ponto de nortear durante muitos anos a vida intelectual do país. Este livro é, em parte, a história desse milagre.

Luis Fernando Verissimo

Um certo
Henrique Bertaso

I

Mil novecentos e vinte e dois foi, sob muitos aspectos, um ano portentoso. François Mauriac publicou *Le Baiser au lépreux*. James Joyce sacudiu o universo literário com o seu *Ulysses*. John Galsworthy deu à Inglaterra e ao mundo *The Forsythe Saga*. Sinclair Lewis produziu *Babbitt*, e Pirandello, *Henrique IV*. O setor político foi também rico em acontecimentos decisivos. Rathenau foi assassinado na Alemanha. Mussolini abafou uma greve geral na Itália e foi chamado ao poder pelo rei. A Rússia recebeu em "batismo" — com o perdão da palavra — o nome de União das Repúblicas Socialistas Soviéticas. Poincaré formou um ministério na França. Um tratado pôs fim ao protetorado inglês no Egito e Fuad I foi feito rei da terra dos faraós. Mustafa-Kemal consolidou seu domínio na Turquia. Constantino da Grécia abdicou. O Brasil comemorou o primeiro centenário da sua Independência e recebeu a visita do rei Alberto da Bélgica.

Tudo isso e muito mais aconteceu durante o ano de 1922, porém um pequeno fato que a História com H maiúsculo não registrou, um incidente sem significação para o grande mundo mas de importância capital para a estória que vou contar nesta crônica, ocorreu na cidade de Porto Alegre. O menino Henrique d'Avila Bertaso perdeu as suas férias de verão porque o pai, um dos sócios principais da Livraria do Globo, achou que o mais velho dos filhos varões, então com quinze anos, estava se transformando numa pequena peste doméstica, com tempo demais a pesar-lhe nas mãos e no crânio. Assim, à maneira dos velhos negociantes da tradição portuguesa (embora ele próprio fosse italiano, natural de Verona), resolveu fazer o rapaz trabalhar como "caixeiro" da sua livraria. Adeus areias, ondas e moças da praia de Torres! Adeus vagabundagens na Rua da Praia!

O menino Henrique, porém, não ficou triste — pelo menos é o que ele me assegura hoje, cinquenta anos mais tarde — porque o fato de ir trabalhar com horário integral na Livraria de certo modo o eximia da responsabilidade de preparar-se para o exame de francês em segunda época, e talvez o livrasse definitivamente do Ginásio Anchieta, que ele cursava sem grande entusiasmo. Posso imaginá-lo atrás do balcão, vendendo artigos de papelaria, canetas, lápis, livros, principalmente livros. Tinha boa memória, e dentro de pouco tempo surpreendia os colegas mais antigos ao mostrar-lhes o lugar exato onde estava certa obra pedida por um freguês. Fosse como fosse, sempre havia tempo para, através das duas portas do salão da livraria, dar espiadas para a rua, em cujas calçadas passavam num perfumado desfile mulheres que tão bem representavam o tipo da *melindrosa* criado pelo caricaturista J. Carlos na revista *Careta*. Era também agradável atender uma rapariga bonita que entrava na loja à procura do último romance de Delly, Ardel ou Guy de Chantepleure.

Não sei com que espécie de interesse Henrique via meterem-se no pequeno elevador que levava ao andar superior, ao gabinete de Mansueto Bernardi, o orientador literário da firma, os intelectuais mais famosos de Porto Alegre. Lá ia Zeferino Brasil apoiado na sua bengala, a cara morena e enrugada de cacique, gravata à Lavallière, cabeleira longa. Havia sido "eleito" Príncipe dos Poetas Gaúchos e tinha escrito muitos livros, dos quais o próprio Henrique já vendera muitos exemplares. Quem era o cavalheiro grisalho, com ar de diplomata, simpaticão e alinhado? João Pinto da Silva, secretário do governo do dr. Borges de Medeiros e crítico literário, autor de livros cujos títulos Henrique sabia de cor, como *Vultos no meu caminho* e *Fisionomia de novos*, este último recém-aparecido. Seria poeta ou prosador — ou ambas as coisas? — o baixinho sorridente de ar plácido que às vezes "dava as caras" no gabinete de M. Bernardi? Não, esse não escrevia livros. Era político, tinha sido naquele mesmo ano eleito deputado federal pelo Partido Republicano Rio-Grandense. Chamava-se Getúlio Dorneles Vargas. O magro baixo e simpático que às vezes aparecia com ele era João Neves da Fontoura, deputado estadual, considerado orador de grande eloquência. E o moço de beleza varonil e palavra fácil e aliciante, que de raro em raro se juntava a todos aqueles frequentadores do pequeno cenáculo de Mansueto Bernardi? Era o bacharel em ciências jurídicas e sociais Oswaldo Aranha, que não publicava livros, mas tinha uma inteligência viva e um poderoso magnetismo pessoal.

Se alguém apontasse esses homens ao menino Henrique e lhe dissesse: "Toma nota desses nomes, grava bem na memória essas fisionomias, porque um dia esses senhores serão figuras importantes da República e hão de, todos eles, cada qual a seu modo, *fazer* História", o "Bertasinho" — era assim que muitos lhe chamavam — teria sorrido incrédulo e dito a frase que haveria de usar pelo resto da vida nos momentos de surpresa ou perplexidade: "Não pode ser!"

II

Toda aquela gente importante frequentava a Livraria do Globo, subia ao território do Mansueto Bernardi para uma prosa e para passar os olhos pela última novidade literária, o *vient de paraître*, como se costumava dizer nos arraiais literários, pois naquela época os Estados Unidos ainda não se tinham tornado importantes no mundo, e a França era a segunda pátria de todo intelectual brasileiro. O inglês era a língua remota e seria quase bárbara se um tal de Mr. William Shakespeare não a houvesse usado nas suas peças de teatro mundialmente famosas.

Mansueto Bernardi, poeta e prosador, lá estava no primeiro andar, sentado à sua escrivaninha, selecionando livros para pedir a editoras da Itália, da França e da Espanha — ou então lendo originais que autores conhecidos lhe mandavam, na esperança de que o mentor literário da Globo os fizesse editar. Ele próprio era autor de livros como *Terra convalescente*, e a sua quase paixão mística por são Francisco de Assis (o santo, não a cidade) o levaria a reunir um dia num volume os seus ternos *Poemas franciscanos* (1927). Homem inteligente e de boa vontade, tinha uma personalidade catártica, recebia bem — embora sem exageros de cordialidade — todos os escritores que o procuravam, tanto os velhos como os novos. Um de seus sonhos diletos era criar na Globo uma editora de âmbito nacional, projeto esse que não contava com a simpatia da direção suprema da Casa.

Nascido em Treviso, Itália, viera Mansueto Bernardi para o Brasil quando ainda menino. Falava agora um português duma pureza castiça, mas com prosódia gaúcha — nítida, escandida, quadrada — e com uma leve musiquinha italiana. Esguio de figura, tinha uma dessas faces angulosas, de lábios finos e olhos esquivos, que a gente encontra nos museus da Europa. (Quase trinta anos mais tarde eu haveria de pensar em Mansueto ao ver o retrato dum doge de Veneza pintado por Giovanni Bellini.) Personalidade complexa, tinha ele pela política uma inclinação maquiavélica, que alternava com inocências e doçuras franciscanas.

Alguns literatos de Porto Alegre cultivavam o hábito de se reunirem à tardinha à porta da Livraria do Globo, onde ficavam a fumar, discutir política e/ou literatura e a olhar a colorida parada das calçadas. Getúlio Vargas, mesmo depois de eleito presidente do estado, continuaria, uma vez que outra, a reunir-se ao grupo.

Dentro da livraria, Henrique exercia as suas atividades com um entusiasmo cada vez maior. Tinha boa memória visual e agora, quando os caixeiros veteranos se perdiam no meio de tantos livros, não encontrando às vezes o que o freguês lhes pedia, o jovem Bertaso vinha em socorro dos colegas, vaqueano que era daqueles campos bibliográficos. E levava o indicador direito ao lugar exato em que a obra pedida se encontrava. Foi assim tomando um gosto especial pelos livros e começando, imagino, a gozar desse esquisito prazer tátil, quase sensual, que o bibliógrafo sente quando segura, apalpa, cheira um volume. Aprendia também que cada livro tem uma *individualidade*, como as pessoas, uma certa espécie de alma e a capacidade de comunicar-se com os homens. Em suma, não se trata apenas de *papel impresso*. É que já existia em Henrique Bertaso o germe do futuro editor. Teria passado por sua cabeça, nos primeiros anos da década dos 20, a ideia de no futuro tomar conta do departamento editorial da Casa? Mal sabia ele que a oportunidade para tal ventura e aventura lhe viria dali a uns oito anos. Acontece, porém, que oito anos valem por oitenta no espírito dos que ainda não entraram na casa dos vinte...

III

Onde estava eu no último mês do ano de 1922? Em Cruz Alta, de volta de Porto Alegre, onde cursava o Colégio Cruzeiro do Sul como interno. Exatamente no dia em que cheguei à casa de meus sonhos, das minhas fantasias e da minha saudade, meu pai e minha mãe se separaram. Caí num estado de profunda depressão, decidi abandonar o curso ginasial inacabado e começar logo a trabalhar. E naquele resto de dezembro eu me preparei masoquisticamente para um Natal triste. Evitei os amigos. Fugi às festas. Entreguei-me a verdadeiras orgias de autocomiseração. Aceitei um emprego, com um salário ínfimo, no armazém duma firma que fornecia gêneros alimentícios para a guarnição federal da cidade. Consolava-me à noite com os poucos livros sobrados da rica e numerosa biblioteca que meu pai possuíra nos tempos das vacas gordas em que assinava *L'Illustration*, em cujas páginas de papel gessado nos vinha o espírito, o cheiro, as imagens, a vida, enfim, de uma Paris que eu já conhecia dos romances de Maurice Leblanc, das aventuras de Arsène Lupin, e das andanças dos Três Mosqueteiros. Tinha eu a impressão de que todos os meus sonhos e projetos se haviam desfeito em poeira — a poeira que se erguia agora do soalho daquele armazém que eu — um homem de dezessete anos, membro, segundo orgulhosas tias, duma das mais ilustres famílias de Cruz Alta, ó vergonha, ó desgraça! — varria todas as manhãs, depois de borrifar as tábuas de água misturada com creolina. Para minha sensibilidade olfativa o cheiro de creolina sempre me evocara a vida rural, que então eu detestava e até hoje não amo: cheiro de carrapaticida, de latrinas — símbolo, em suma, do que a vida tem de mais visceral e sujo. O meu consolo eram os livros e as minhas próprias fantasias. Foi na máquina de escrever Underwood desse armazém que alimentava os soldados do 6º Regimento de Artilharia Montada e do 8º de Infantaria que fiz às escondidas a minha primeira literatura. Que livros ficaram ligados a essa época um tanto opaca da minha vida? Lembro-me principalmente de *Os sertões*, de Euclides da Cunha, cujo estilo me fascinava com a sua força máscula, a sua irregularidade, os seus imprevistos, os seus períodos de aço. Li também, mas com dificuldade, o meu primeiro livro em francês, um romance canalha, cujo título, se a memória não me trai, era *La Chémise de Mme. Crapuleaux*. Apaixonei-me pelos contos de Afonso Arinos. Era também leitor entusiasta de Coelho Neto e Afrânio Peixoto. Frequentava os realistas, Aluísio Azevedo, Émile Zola, Gustave Flaubert... Até mim, naquele armazém que cheirava a charque e tijolinhos de goiabada, chegavam os ecos da Semana de Arte Moderna. Na revista *Para Todos* eu lia com encanto os escritos de Álvaro Moreira. Depois veio o tempo de Monteiro Lobato. *Urupês* me fascinou. *Cidades mortas* me deu a espantada certeza de que até uma pequena cidade adormecida do interior pode constituir assunto literário. Recebia e lia regularmente a *Revista do Brasil*. Fiz-me também leitor de Ribeiro Couto, João do Rio, Menotti del Picchia, Cassiano Ricardo e dos dois Andrades, Mario e Oswald. Com o meu amigo de infância José Rostro Castilhos, tive o meu período de Olegario Mariano, cujos pierrôs tristes e sonoras cigarras nos encantavam. Claro, e havia sempre Machado de Assis, a quem eu admirava, além de lhe querer bem como a um tio distante no tempo e no espaço. Horas havia em que eu hesitava entre o velho Machado e Eça de Queiroz, este último um escritor da predileção de meu pai, homem inteligente e de sensibilidade. Creio que até hoje essa dicotomia não foi ainda resolvida dentro de mim.

Do armazém passei para uma casa bancária, onde me entregaram um livrão de controle geral, mas de pouca responsabilidade, chamado *chiffier*, e no qual cometi incontáveis erros. Fui mais tarde promovido a chefe da Carteira de Descontos, eu que sou uma toupeira em matéria de números. Um de meus orgulhos era o de saber escrever a máquina com os dez dedos e depressa, sendo assim capaz de fazer um memorando por minuto, desses em que o banco pede a tal e tal firma que venha resgatar uma duplicata vencida. Às vezes, no papel mesmo com o timbre do Banco Nacional do Comércio, depois do *"Prezado Senhor: Tomamos a liberdade de vir à presença de V. S.ª..."*, movido por um demônio interior eu escrevia trechos de contos de minha própria invenção, coisas assim: *"e então Juca descobre que o ladrão de gado que ele matara era o seu próprio irmão"*. E nesses momentos o diabo do contador da agência bancária aproximava-se do furtivo contador de estórias e este tinha de tirar o papel da máquina às pressas, rasgá-lo e jogar seus pedaços no cesto de vime, ao pé da mesa.

Mas afinal de contas estou tentando escrever minhas lembranças de Henrique Bertaso e não uma autobiografia. Devo, no entanto, esclarecer que se falo tanto em mim também, é porque me parece interessante contar o que faziam entre fins de 1922 e 1930 — um em Porto Alegre e o outro em Cruz Alta — dois homens que um dia viriam a encontrar-se para juntos se lançarem numa aventura editorial, isso para não falar nos caminhos do convívio e da amizade.

IV

De bancário passei a boticário, sem a menor vocação para o comércio e sem saber sequer dosar papéis de calomelanos. Atrás do balcão da farmácia eu lia os dramas de Ibsen, *Le Jardin d'Épicure*, de Anatole France, *Les Drames philosophiques*, de Renan, a *Salomé* de Wilde... Lia também, no original e com enorme dificuldade, as peças de Bernard Shaw, que me chegavam na Coleção Tauchnitz, pequenas brochuras, impressas em Leipzig, Alemanha, pré-avós talvez dos livros de bolso. Rabindranath Tagore e Omar Khayyam forneciam o tempero oriental para essa minha salada de autodidata.

Entre a venda dum envelope de cafiaspirina e a dum vidro de xarope contra tosse, eu lia uma página ou duas de Hendrik Ibsen — uma de minhas mais sérias "paixas" literárias — e namorava a vizinha, uma menina de quinze anos e olhos azuis, que às vezes vinha debruçar-se na janela de sua casa, do outro lado da rua.

Costumava passar longas horas nos cafés, discutindo cinema, futebol e, depois que conheci Maurício Rosenblatt, que viria a ser um de meus maiores amigos, o assunto dessas boêmias diurnas passou a ser literatura e problemas filosóficos. E a todas essas dê-lhe bailarecos, tangos argentinos e foxtrotes, namoricos e camisas de tricolina, e colarinhos altos para os quais eu não tinha pescoço, e roupas de casaco cintado e calças tão estreitas na extremidade inferior que mais pareciam perneiras. E por outro lado vá Tagore, e vá Khayyam. E lá estava sempre Ibsen com suas névoas nórdicas, Wilde com seus paradoxos, Anatole France com suas ironias...

Um dia me chegou um livro que me fascinou, apesar de eu não o ter podido ler direito, pois meu inglês era ainda curto de vocabulário. Chamava-se *South Wind*, dum tal Norman Douglas.

Prostitutas enchapeladas e solenes, respeitosíssimas e dignas — como mudaram os tempos e os costumes! —, faziam parte da freguesia da minha farmácia, onde todo mundo tinha crédito, pois quem não era meu parente era amigo ou conhecido. Gaúchos bombachudos e habitantes da zona colonial italiana e alemã do município também apareciam na Farmácia Central. Era uma parada que desafiava o futuro romancista. E lá estava a mocinha à janela... À noitinha, depois do banho e do jantar, metido numa roupa de Palm-Beach (última moda!), um "picareta" na cabeça e todo perfumado de *Maderas de Oriente*, lá me ia eu postar na calçada à frente da janela da bem-amada, parodiando Romeu ante o balcão de Julieta — um Romeu de bengala de junco e gravata tipo borboleta. (Os da minha geração que aos vinte anos não foram Rodolfo Valentino, que me atirem a primeira pedra!)

Manoelito de Ornellas, falso-boticário em Tupanciretã como eu em Cruz Alta, já havia publicado um livro de poesia, *Rodeio de estrelas*. Costumava visitar-me, para ler seus versos. Um dia descobriu, no fundo duma gaveta de minha casa, um conto que eu havia escrito secretamente — "Ladrão de gado" — e mandou-o com recomendações a Mansueto Bernardi, que o publicou na sua *Revista do Globo*. Isso me encorajou tanto que remeti a minha próxima estória (*"A lâmpada mágica"*, de sabor anatoleano) diretamente ao Suplemento Literário do *Correio do Povo*. Seu diretor, De Souza Junior, olhou os originais (contou-me ele próprio, cinco anos mais tarde), viu minha assinatura e murmurou: "O conto pode não prestar, mas o nome do autor é bonito e merece ser divulgado". E mandou a estória para a oficina do jornal, sem a ler.

V

Nos quatro anos e pico que durou a minha aventura farmacêutica, lá de vez em quando eu reunia uns cobres, tomava o trem e ia passar uns dias em Porto Alegre — cidade que não me era nada simpática já que o dinheiro, curtíssimo, não me permitia ir ao Rio, a São Paulo ou Buenos Aires. Como bom serrano, hospedava-me no Hotel Lagache. Fazia longas caminhadas pela rua da Praia, indo da esquina da rua do Rosário até a praça da Alfândega, olhando as caras, as vitrinas, tudo isso num tédio mortal. À noite, cinema. Nessas visitas à capital do estado, nunca deixei de visitar a Livraria do Globo, pela qual sentia uma certa fascinação — pois não se tratava duma casa de livros? Subia até o ilustre território de Mansueto Bernardi, onde ficava folheando e namorando livros franceses que, muito caros, não eram para o meu bico. Com o rabo dos olhos observava o ambiente, na esperança de que se encontrassem ali alguns dos escritores gaúchos de renome que eu costumava ler em livros ou nas páginas do *Correio do Povo* e do *Diário de Notícias*. O sujeito magro, sardento, anguloso, levemente encurvado, a pele transparente, como de porcelana, cabelos de ruibarbo, ar de intelectual europeu, olhos azuis, nariz e lábios afilados — ah! esse só podia ser Augusto Meyer, poeta e ensaísta, por quem eu tinha uma ilimitada admiração. O outro que estava com ele — o grandalhão moreno, de rosto carnudo e redondo, grandes olhos escuros — devia ser o admirável Theodemiro Tostes, o T. T. das crônicas irônicas do *Diário*. O de cabeleira abundante, bela voz e maneiras agradáveis? Pedro Vergara, autor de *Terra impetuosa*. O barbadinho? De Souza Junior, que parecia uma personagem de Pirandello. O tipo esguio como um punhal, rosto fino e longo, que fazia epigramas e contava estórias que provocavam o riso dos outros? Athos Damasceno Ferreira. Agora quem entrava, muito bem vestido, bengala pendendo de um dos braços, bigode aparado, era um moço com ar de galã de opereta italiana — Ernani Fornari, o autor de *Trem da serra*. (Mal sabia eu que dali a alguns anos ele se iria tornar um de meus melhores e mais leais amigos.) Eu procurava ouvir o que diziam os literatos.

Numa de minhas viagens, em 1927, no escritório de Mansueto Bernardi falava-se com entusiasmo da visita a Porto Alegre de

Guilherme de Almeida, que vinha fazer conferências sobre o Movimento Modernista.

Um dia avistei, entre os que examinavam livros naquele primeiro andar de livraria que se tornaria histórico, um homem alto, de queixo forte, no qual reconheci um amigo de infância: Ruy Cirne Lima, que quando menino às vezes passava em Cruz Alta as suas férias de verão. Homem de inteligência privilegiada e de sólida cultura humanista, era professor de Direito e, havia poucos anos, publicara um livro de poesia. Para minha surpresa, Ruy me reconheceu, apertou-me a mão, abraçou-me, e lá estava o boticário todo cheio de dedos, encabulado, a ser apresentado a algumas daquelas "celebridades". Era eu que publicava contos no suplemento do *Correio?* Sim, era, desculpem... Ruy, generosamente, me estimulava, levou-me a Mansueto, que se lembrou de meu "Ladrão de gado". E na minha timidez eu me sentia ali exatamente como um ladrão (o conto era um pasticho de Maupassant) diante dum júri ilustríssimo. É que a minha ironia e a minha irreverência só funcionavam no contexto de minhas ficções.

Um dia tinha de voltar para Cruz Alta e para a rotina. Duplicatas vencidas e o cofre da firma vazio, o borrador cheio de lançamentos de vendas a crédito a pessoas às vezes completamente desconhecidas. E enquanto a farmácia caminhava para o clássico abismo, eu lia romances atrás do balcão, namorava a vizinha, já agora sob o olhar severo, desconfiado e ameaçador de seu pai, italiano meridional, catadura de mafioso, cioso *del onore della famiglia*.

Eu vivia em três mundos, pelo menos. O primeiro era o da realidade cotidiana; a rotina fisiológica, o ritual burguês, os avisos de bancos (um bombachudo, para variar, me encostou um dia o cano do revólver no peito porque eu não lhe quis dar a crédito um vidro de xarope contra a tosse). O outro era o mundo dos livros, das personagens de ficção que me levavam para outros tempos e outras geografias. O terceiro mundo era o da minha própria fantasia: as estórias que eu escrevia e mandava quase semanalmente para o *Correio do Povo*, que as publicava em seu Suplemento Literário.

Um dia mandei uma carta a Mansueto Bernardi perguntando-lhe se a Livraria do Globo estaria disposta a publicar em volume uma seleção de meus contos. A resposta não tardou. Delicadamente Bernardi respondeu que o livro "seria certamente um sucesso literário" (era um homem de boa vontade), mas que, em vista de se tratar dum autor novo, desconhecido do público, só poderia ser um fracasso em matéria de vendas, motivo por que a sua editora não poderia, infelizmente, correr o risco... etc... etc... Bom, a resposta era mais ou menos a que eu esperava e ao mesmo tempo temia. Aceitei plenamente, sem o menor ressentimento, as razões de Mansueto Bernardi, que me pareceram sensatas. Houve até um momento em que me arrependi de lhe ter feito a consulta, pois, no fim de contas, quem era eu para já querer publicar um livro?

Continuei, contudo, a escrever sem buscar bodes expiatórios para as minhas frustrações. O pai da minha namorada começou a me lançar olhares calabreses. Eram sérias as minhas intenções com relação à sua *bambina*? Pedi a moça em casamento no dia 12 de outubro de 1929. Em 1930 a farmácia foi à bancarrota. Deflagrou-se a Revolução de Outubro, que levaria Getúlio Vargas ao poder. Olhei-a com cética desconfiança. Não me candidatei a centauro dos pampas. Estava falido, sem vintém no bolso, sem profissão certa... e noivo. Decidi então abandonar minha cidade natal e mudar-me para a então pouco querida Porto Alegre. (Os olhos tristes de minha mãe!) Prometi ao futuro sogro e à noiva que, tão logo encontrasse um emprego na capital do estado, eu me casaria com a moça. O "velho" Volpe deu-me um crédito de confiança emprestando-me sua máquina de escrever portátil, já que eu pretendia continuar fazendo literatura, talvez um dia como profissão. (Tenho uma lerda teimosia, herdada talvez dum avô tropeiro que costumava levar tropas de mulas de Cruz Alta a Encarnación, Paraguai.)

VI

Conduzi minha tropilha de sonhos, projetos e esperanças para Porto Alegre num poeirento trem da Viação Férrea do Rio Grande do Sul. Levava no bolso os 500$000 que um providencial tio materno me emprestara. Em Porto Alegre bati em muitas portas, em busca dum emprego, mas sem nenhum resultado positivo. Em desespero de causa resignei-me à ideia de ser empregado público e, como me tivessem informado de que havia uma vaga na Secretaria do Interior, para lá me atirei. Fui levado à presença de Moysés Vellinho (que naquele tempo fazia crítica literária sob o pseudônimo de Paulo Arinos). O chefe do gabinete de Oswaldo Aranha recebeu-me com grande cordialidade, e me declarou que havia lido com agrado vários contos meus — o que me surpreendeu, lisonjeou e animou. Diante daquele homem insinuante, de maneiras tão finas e vestido com tão sóbria elegância, experimentei um sentimento de inferioridade como o que eu sentira tantas vezes no Colégio Cruzeiro do Sul, aos domingos, ao comparar as fatiotas de meus colegas, trajados no rigor da moda, com a minha "roupa de domingo" feita pelo pior alfaiate de Cruz Alta e do mundo. Para encurtar o caso, não havia vaga na Secretaria.

Aproximava-se o fim do ano, o dinheiro que eu trouxera comigo minguava e eu continuava desempregado. Uma tarde, porém, à porta da Livraria do Globo, encontrei Mansueto Bernardi, então diretor da *Revista do Globo* e que, como os jornais já haviam noticiado, preparava-se para ir dirigir a Casa da Moeda, no Rio de Janeiro, a convite de seu amigo Getúlio Vargas, chefe supremo do governo provisório instituído pela Revolução de Outubro. Bernardi me reconheceu.

— Vamos publicar no próximo número da Revista o seu conto "Chico", com a sua ilustração — disse ele. Olhou-me com seus olhos venezianos e, depois de algum tempo, murmurou: — Você escreve, traduz, desenha... Seria o homem ideal para tomar conta da *Revista do Globo* no futuro.

— Por que no futuro — repliquei —, se estou precisando dum emprego agora?

Meus olhos estavam fitos no pomo de adão de Mansueto, muito saliente no longo pescoço descarnado. O autor de *Terra convalescente* coçou pensativamente o queixo, depois baixou o olhar para mim:

— Que ordenado espera?

Pensando no meu casamento, ousei:

— Um conto de réis.

Por um instante o poeta quedou-se imóvel e silencioso. Depois disse por entre dentes:

— É... O cargo justifica esses honorários, porém infelizmente não temos verba para tanto. Mas... qual seria o ordenado mínimo que você aceitaria para começar?

— Seiscentos — respondi sem pestanejar.

— Pois então está contratado. Pode começar no dia primeiro de janeiro. Entende de "cozinha" de revista?

— Claro — menti. Na realidade, nunca havia entrado numa tipografia. Não conhecia nem de vista uma linotipo. Não tinha ideia de como se fazia um clichê ou se armava uma página. Mas o importante mesmo é que tinha conseguido um emprego!

Foi assim que entrei para a Família Globo.

VII

Em princípios do ano de 1931 Mansueto Bernardi embarcou para o Rio, onde foi imprimir dinheiro e cunhar moedas para a nação. Henrique Bertaso tomou conta da Secção Editora e eu da *Revista do Globo*. Cada qual, enfim, seguiu o seu caminho e cuidou de sua vida. Em julho mandei fazer um jaquetão de mescla cor de grafita e umas calças à fantasia parecidas com as que Rodolfo usa em *La Bohème*. Era o "uniforme" para o casamento. Segui para Cruz Alta — umas amebas malditas, adquiridas não sei em que águas, em que alimentos, me haviam devorado quase vinte quilos. Fui dos noivos mais pálidos, magros e alcatruzados imagináveis, em contraste com a noiva de dezoito anos, fornida de carnes, corada, exuberante de vida. Casamo-nos com marcha nupcial e tudo mais. Quem oficiou a cerimônia na matriz de Cruz Alta foi o padre José, que falava o português com forte sotaque alemão, desses que a gente pode cortar com uma faca. Fez-nos um discurso falando nas benesses do matrimônio e no que Deus e os anjos esperavam de nós. Por fim despediu-se dos recém-casados exclamando: "Divirtam-se!". (Na realidade disse *Tivirtam-ze.*) E um grande sorriso iluminou-lhe a cara larga, vermelha e lustrosa.

Fui um dia apresentado a Henrique Bertaso, mas de maneira perfunctória. (Exerço o ofício de escritor há quarenta anos e só agora encontro a primeira oportunidade para usar a palavra *perfunctória.*) Um aperto de mão chocho, uma troca de palavras mais resmungadas que pronunciadas. Aos vinte e quatro anos, era Henrique Bertaso um homem precocemente calvo, mas com uma cara simpática de adolescente que ele haveria de carregar, sem as mudanças da "praxe biológica", até a casa dos sessenta. Gostei dele à primeira vista mas pensei: "Deve ter uma mentalidade de 'filho do patrão'. Burguesinho besta". Que teria pensado ele de mim? Imagino que não tenha feito muita fé naquele sujeito com cara de bugre, natural de Cruz Alta, sobrancelhas pretas e grossas e ar bisonho. Como teria ido aquele serrano parar na *Revista do Globo?* Coisas do Mansueto...

Separamo-nos. Subi para a redação. Duma casa de discos que funcionava (e como!) na Galeria Chaves vinha a voz possante dum tenor italiano que um alto-falante infernal ampliava exasperadoramente. Era o *Marechiare*, uma canção napolitana. (Eu ainda não conhecia o mar, nem de vista.) Em cima de minha mesa achavam-se os meus melhores colaboradores: a tesoura e o vidro de goma arábica. Não havia verba para pagar colaborações. Eu tinha de encher a revista praticamente sozinho, pirateando publicações alheias, de preferência estrangeiras. Um gerente prático me havia prevenido contra o perigo de publicar muita "literatura", pois o importante era fazer uma revista popular, com muitas figuras — retratos dos assinantes, o galante menino tal, a bela senhorita fulana, rainha do Clube Recreio de Muçum, ecos do carnaval de Cacimbinhas ou São Sepé. Publicávamos também sonetos da autoria de coronéis reformados ou coletores aposentados que acontecia serem bons fregueses da Casa, circunstância em que o que menos importava era a qualidade literária dos versos...

Mas deixemos de lado o esperançoso moço de Cruz Alta, com suas dores e seus amores, as suas amebas e as suas ambições literárias, a sua vida de homem recém-casado — e concentremo-nos em Henrique Bertaso.

VIII

Não tardei a perceber que a luta dele era mais séria que a minha. Se quisermos usar das tintas da caricatura, podemos afirmar que Henrique Bertaso naquele tempo dirigia uma editora quase clandestina. Seu pai, que era um homem extraordinário, a alma da casa (começara a trabalhar com os Barcellos aos doze anos, como simples varredor e menino de recados), tinha lá as suas dúvidas quanto às vantagens de empregar capital numa empresa editora. Sabia exatamente o quanto lhes rendia a tipografia, a litografia, a encadernação, a venda dos livros alheios, enfim, todas as seções duma casa que já se fazia tentacular. Ora, um editor pode publicar livros e passar um ano inteiro — ou mais! — sem saber se está ganhando ou perdendo dinheiro. Havia o problema da distribuição, o da prestação de contas de remotas livrarias, e a fatal devolução dos livros consignados, quase sempre em mau estado de conservação. Por que desviar esforços e capital de negócios certos para dedicá-los a uma aventura problemática?

Henrique, porém, perseverava, na sua maneira calma e sensata. Não era homem de gritos ou basófia. Vivia na sua surdina, pessoa de trato cordial, mas capaz de ser enérgico, firme, na hora necessária, mas assim mesmo sem "dar espetáculo", sem ameaçar céus e terra. Continuava a reeditar os livros que Mansueto Bernardi lançara e que ainda se vendiam, como, por exemplo, o *Napoleão*, de Emil Ludwig. E tratava de comprar os direitos autorais sobre outras obras desse mesmo autor. Achava, porém, que a editora precisava ser reformada, modernizada, dinamizada, livrar-se de seu ranço provinciano. Primeiro queria provar ao pai e aos outros sócios da firma que era possível uma casa editora existir e prosperar neste extremo do Brasil. Criou a Coleção Amarela, composta de livros policiais. O "astro" principal dessa série era Edgar Wallace, mestre em estórias de crime. Começou a publicar os romances desse autor usando os tradutores que lhe apareciam, pois quem não tem *traduttore* de verdade, caça com *traditore*. E como apareciam *traditori* naquela época!

Henrique tinha as suas tinturas de inglês, adquiridas no ginásio. Tomou assinatura duma revista americana, o *Publisher's Weekly* (Semanário do Editor), e costumava passar os olhos pelos seus anúncios, traduzindo trechos deles com o auxílio dum dicionário. Nas páginas dessa revista descobriu muitos dos livros que mais tarde viria a publicar em português. Não juro, mas imagino que tenha sido no *Publisher's Weekly* que descobriu Agatha Christie, autora inglesa de quem a Globo editou na Coleção Amarela um dos clássicos do romance policial em todos os tempos: *O assassinato de Roger Ackroyd*.

Muito mais tarde eu lhe iria recomendar outro "clássico", *O último caso de Trent*, de A. C. Bentley. Henrique aceitou a sugestão. Outros autores enriqueceram a coleção: Oppenheimer, Van Dine, Mason, Rinehart, Fletcher, Rohmer, Hammett, Chandler...

Henrique ocupava-se também com livros didáticos, assessorado pelo prof. Alvaro Magalhães, que viria a assumir um dia a direção do departamento de livros técnicos, dicionários e enciclopédias da Editora.

Uma das obras que mais sucesso haviam obtido no Brasil fora o *Sem novidade no front*, de Erich Maria Remarque, lançado por outra casa editora. Henrique conseguiu garantir para a Globo o segundo e muito esperado livro de Remarque, espécie de sequência do primeiro. Como tivesse pressa em publicá-lo, dividiu o volume (creio que se tratava duma tradução espanhola) em quatro partes, que entregou a quatro tradutores diferentes. Uma delas coube a mim. Como a revista me ocupasse o dia quase inteiro, eu costumava trabalhar em traduções à noite, para aumentar a renda mensal. Morávamos então, minha mulher e eu, numa casa de cômodos, no Alto da Bronze, e vivíamos com um mínimo de dinheiro.

Um dia Henrique me chamou e disse: "Descobri um livro de grande atualidade". Mostrou-me o volume: *Alemanha — fascista ou soviética*, da autoria dum jornalista americano, Knickerbocker.

— O senhor é capaz de traduzir este livro em vinte dias? Esses assuntos logo ficam desatualizados. A História não caminha, corre.

Henrique insistia no tratamento cerimonioso. Eu era para ele o "seu" Erico, o que me obrigava a chamar-lhe "seu Henrique".

— Vinte dias? — murmurei, olhando as duzentas e tantas páginas da obra. — Sou.

Combinamos o quanto me pagariam por página traduzida e eu me atirei ao trabalho, batendo máquina das oito da noite até à madrugada. O livro ficou pronto na data marcada e foi lançado sem tardança.

A imagem de José Bertaso, o Chefão, aos poucos ia tomando para mim aspectos paternos, tanto no que ela tinha de positivo como de negativo, pois o Velho era ao mesmo tempo o protetor e o castrador. Levei algum tempo para compreender a natureza dos seus "estouros". A princípio eu quis reagir de homem para homem e uma vez tivemos até, no seu escritório, um pequeno "arranca-rabo", ao cabo do qual pedi demissão do cargo de diretor da Revista. Quando imaginei que ele fosse gritar: "Pois então raspa daqui, seu desaforado!", o homem fitou em mim seus olhos benevolentes, moderou o tom da voz e me fez uma proposta que resolveu o problema de maneira que me permitiu ficar no posto. Só mais tarde vim a compreender que José Bertaso não visava as pessoas com suas frases ou interjeições duras, mas sim o erro que o empregado cometia. Era tudo impessoal. O patriarca dos Bertaso era homem incapaz de guardar rancores. Tinha, como qualquer mortal, as suas birras, que às vezes expressava de maneira até humorística. De resto, quem pode esperar sangue de barata nas veias dum italiano? Nós, escritores, na opinião dele (mais ou menos secreta), éramos uma cambada de vagabundos que, em vez de sentar o rabo numa cadeira e trabalhar de verdade, saíam para a rua ou se metiam nos cafés, onde ficavam discutindo literatura. E lá um dia surgíamos com uns originais debaixo do braço (em geral poesia, Santo Deus!) e queriam por força que a Casa os editasse por conta própria. Quem no mundo ia comprar um livro de versos?

Lembro-me de que um dia ele, eu e um colega meu descíamos juntos no pequeno elevador que levava ao escritório central. O escritor que ia conosco era autor de vários livros de venda difícil, quase nula. O Chefão olhou para ele firme, e, com um ar sério, disse: "Seu Fulano, me explique um mistério. Nós mandamos para os livreiros três exemplares de cada livro seu que aparece, e os livreiros no fim nos devolvem cinco. Será que seus livros dão cria?". A face do meu colega ensombreceu. Pensei que ele ia agredir o Velho. Felizmente o elevador chegou ao térreo e eu puxei o meu

Por ocasião do lançamento do filme argentino *Olhai os lírios do campo* (direção de Ernesto Arancibia), com roteiro adaptado do romance de Erico Verissimo, Silvana Roth, estrela do filme, visita Porto Alegre. Na foto, no Country Club, Fernando Bertaso, José Otávio Bertaso, Mafalda Verissimo, Luíza Bertaso, Antonieta Cincotta, a atriz e Erico Verissimo (1949).

Erico Verissimo, 1951.
Fotografado durante estada
em Salvador, para onde
viajou de carro, na companhia
de Mafalda, Henrique
e Luíza Bertaso.

Erico Verissimo junto à mesa
de trabalho de Henrique Bertaso
na editora, pouco antes
de partir para a Europa (1965).

Henrique Bertaso e Erico Verissimo trabalham nos originais de *O arquipélago* nos escritórios da Editora Globo (1960).

Jantar no restaurante Sherazade, em Porto Alegre, 1960. Sentados à mesa, Maurício Rosenblatt, Estela Budiansky, Erico Verissimo, Athos Damasceno Ferreira, Mafalda Verissimo, Clara Damasceno, Luíza Bertaso, Lorena Fornari, Luíza Rosenblatt, Henrique Bertaso e Ernani Fornari.

Erico Verissimo autografa a edição alemã de *O senhor embaixador* no Instituto Cultural Brasileiro-Alemão de Porto Alegre (1967). Atrás, Diffenthäller, Herbert Caro e José Otávio Bertaso.

Na casa da filha Clarissa, em McLean, VA, Estados Unidos (1972).

Henrique Bertaso e Erico Verissimo na rua da Praia, em Porto Alegre (1942).

Passeio pela rua da Praia: Erico Verissimo e Reynaldo Moura.

Moysés Vellinho.

Cyro Martins.

Augusto Meyer
com os filhos
Augusto e Maria Lívia.

O dirigível Zeppelin passa
sobre o centro de Porto Alegre
(26/6/1934).

Porto Alegre na década de 1920:
praça Senador Florêncio
(atual praça da Alfândega)
e praça Rio Branco.

Na Porto Alegre de 1930 a carroça era um veículo frequente nas ruas da cidade. Aqui, esquina da avenida Oswaldo Aranha com a rua José Bonifácio, no bairro do Bom Fim. Junto ao poste, uma bomba de gasolina.

A rede telefônica se amplia na cidade: aqui, novos cabos telefônicos na rua Dr. Vale, no bairro Floresta, em 1930.

Vista aérea do centro de Porto Alegre no início da década de 1950: mercado público, antigo mercado das frutas, prefeitura, mercado livre, estação ferroviária.

Largo do Paço Municipal: o edifício Malakoff foi o primeiro "arranha-céu" de Porto Alegre (1937).

Porto Alegre em 1935: vista aérea da Exposição Farroupilha. Para abrigar a exposição foi criado o parque Farroupilha, ou parque da Redenção, desde então um dos principais marcos da cidade.

Cinema Capitólio, na esquina da av. Borges de Medeiros com a rua Demétrio Ribeiro. Década de 1930.

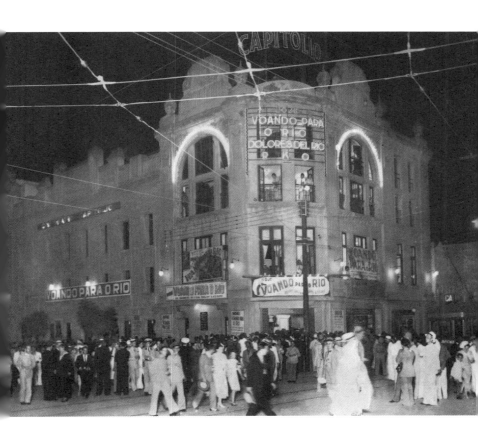

Livraria do Globo em 1922, em seu tradicional endereço da rua da Praia. Henrique Bertaso, então com quinze anos, começa a trabalhar na livraria. Em 1924 o prédio é reformado e se torna ponto de encontro de políticos e intelectuais.

Centro de Porto Alegre: rua dos Andradas, mais conhecida como rua da Praia, na década de 1930. Na esquina, o Cinema Central.

Capa da edição de 1972 de *Os fantoches*, comemorando os quarenta anos de atividade literária de Erico Verissimo.

amigo pelo braço, tratando de explicar: "O 'seu' Bertaso não disse aquilo por mal. Tens de compreendê-lo".

Minhas relações com Henrique dia a dia melhoravam no sentido duma intimidade maior ou, antes, dum trato menos cerimonioso. Eu agora o conhecia mais de perto. Minha ideia a respeito de seu caráter felizmente não se havia confirmado. Por outro lado, creio que o fato de eu ter cumprido todos os meus compromissos de trabalho me havia dado um certo prestígio aos olhos dele.

A ideia de publicar um livro continuava a me perseguir, mal escondida debaixo da abundante papelama do trabalho rotineiro da Revista e das traduções. Tive de pôr "meias-solas" em traduções alheias malfeitas, e de passar para o nosso idioma livros estrangeiros que detestei. Que remédio? Era preciso enfrentar as contas crescentes no fim de cada mês. Essa luta explica o interesse e a simpatia com que traduzi do inglês (apesar de o original ser em alemão) o *Kleiner Mann-was nun?* (E agora, seu moço?), a estória dum jovem casal, no Berlim do pós-guerra, na década dos 20, lutando com dificuldades financeiras, como minha companheira e eu.

IX

Um dia enfrentei Henrique Bertaso. Foi no salão geral de vendas da Livraria, junto de um dos balcões. Ambos desajeitados. Ambos sérios. Vozes em surdina. Eu disse: "Gostaria de reunir num livro uns contos meus já aparecidos em jornais. Sei que não é bom negócio para a Editora fazer isso por conta própria. Estou disposto a pagar a edição do meu bolso. Só queria um orçamento... e condições fáceis de pagamento".

Cabeça baixa, cara sempre séria, Henrique coçou a coroa da cabeça, refletiu por um instante e depois resmungou: "Podemos publicar seu livro por conta da Casa. Onde estão os originais?". Impossível! Engoli em seco, sem saber que dizer. Não sou também homem expansivo. Balbuciei um agradecimento canhestro. Separamo-nos. Dias depois eu entregava ao jovem Bertaso os originais de *Fantoches*, que foi publicado meses mais tarde, com uma boa capa de Ernst Zeuner, então chefe dos desenhistas da Globo. A tiragem? Mil e quinhentos exemplares.

O primeiro artigo que apareceu na imprensa sobre esse primeiro livro meu foi uma crítica ferina, publicada na quarta página do *Correio do Povo*. Seu autor me agredia pessoalmente, acusando-me, entre outras coisas, de ser membro duma "rodinha de elogio mútuo". Afirmava que eu não tinha e jamais teria qualidades literárias. Em suma: um escritor sem futuro. Confesso que o artigo me fez mal: pensei até em quebrar a cara do articulista (tudo pura ficção!). Passei uns dias sentindo arder a ferida. Contudo, Agripino Grieco — impiedoso com os figurões da literatura mas tolerante e benévolo para com os novos — publicou num jornal do Rio um artigo em que elogiava *Fantoches*, e isso me deu alma nova. Apareceram outras críticas: umas favoráveis, outras neutras. Vargas Neto, então o nosso mais notável poeta regionalista, gostou do livro e ao fim da nota que escreveu a respeito perguntava intrigado que rumo iria tomar no futuro um autor que revelava tantas facetas diferentes nessa coletânea de contos.

Dos mil e quinhentos volumes impressos, venderam-se uns quatrocentos e poucos, creio. Os restantes ficaram empilhados num depósito que foi providencialmente destruído por um incêndio. Como todos os livros estivessem segurados, a Editora não teve prejuízo com *Fantoches* e eu recebi a minha comissão de 10% sobre os exemplares vendidos, quero dizer, queimados. Isso me deu uma relativa coragem para oferecer a Henrique o meu segundo livro, uma novelinha a que eu dera o título de *Clarissa*. Por essa época o "Bertasinho" havia inventado a Coleção Globo, formada de volumes de bolso, mas de capa cartonada e uma sobrecapa com um desenho em muitas cores. Essa nova série equivaleria a uma espécie de coquetel literário em que se misturariam livros de aventuras, de caráter popular, e boa literatura como a de Puchkin, Gogol, Stevenson, Tchékhov, etc... Decidiu Henrique Bertaso incluir *Clarissa* nessa coleção, o que foi feito. Para que cada exemplar pudesse ser vendido a um preço baixo, era necessário fazer de cada romance uma tiragem de 7 mil, o que não deixava de ser uma loucura para aqueles tempos (estávamos em 1933). *Clarissa* apareceu com uma bela capa da autoria de um de nossos melhores artistas plásticos, João Fahrion, o qual, seguindo minhas instruções, fez para ela o retrato duma Clarissa meio parecida com a atriz de cinema Sylvia Sydney, pois era assim que eu imaginava a minha "heroína". A crítica sobre essa novela foi em geral favorável, e pela primeira vez tive o prazer de ver na rua e nos bondes pessoas, principalmente mocinhas, com o meu livro na mão. No entanto a edição de 7 mil exemplares só se esgotou cinco anos mais tarde, e os últimos três milhares de volumes tiveram de ser vendidos com um desconto considerável.

X

Henrique Bertaso acolhia bem os escritores nacionais. Publicou entre 1931 e 1945 livros de contos de Telmo Vergara; poemas de Paulo Corrêa Lopes; um romance de Cyro Martins *(Campo fora)*; *Bazar*, crônicas de Theodemiro Tostes; *Os condenados*, de Oswald de Andrade; *Os amores de Canabarro*, de Othelo Rosa; *As loucuras do dr. Mingote*, de Martim Gomes; *No galpão* e *Coxilhas*, de Darcy Azambuja; *Calunga*, de Jorge de Lima; *Noite de chuva em setembro* e *O poder da carne*, de Reynaldo Moura; *Silveira Martins*, de Oswaldo Orico; *Problemas fundamentais do conhecimento*, de Pontes de Miranda; *O espelho de Ariel*, de Manoelito de Ornellas; *Vinho novo*, de

Olmiro Azevedo; *Lua de vidro*, de Athos Damasceno Ferreira (e mais tarde *Moleque* e *Menininha*, novelas do mesmo autor); *O eterno e o efêmero*, de Magalhães de Azeredo; *Enquanto a morte não vem* e *Um clarão rasgou o céu*, por De Souza Junior; *A guerra das fechaduras* e *O homem que era dois*, de Ernani Fornari; *Psicologia*, de Djacir Menezes; *Visão do pampa*, de Rivadavia Severo; *Farrapo*, de Piá do Sul (pseudônimo do prof. Felix Contreiras Rodrigues); *História da república rio-grandense*, de Dante de Laytano; *O reino das pedras verdes*, de Angelo Guido; *Quando eu era vivo*, autobiografia de Medeiros de Albuquerque; *A quadragésima porta*, de José Geraldo Vieira.

Coube à Editora Globo também o privilégio de lançar outros nomes que viriam a tornar-se famosos no Brasil, senão entre o grande público, pelo menos entre uma elite literária, com considerável *succès d'estime*: Augusto Meyer *(Machado de Assis*, ensaio, *Giraluz* e *Coração verde*, poemas); Moysés Vellinho, *Letras da província;* Carlos Dante de Moraes *(Tristão de Athayde* e *A inquietação e o fim trágico de Antero de Quental);* Mario Quintana: *Rua dos cataventos, Sapato florido, Poemas;* Dyonelio Machado, *O louco do Cati* e *Os ratos.*

Henrique e eu muitas vezes conversávamos sobre os problemas do autor brasileiro, que ambos sentíamos — cada qual a sua maneira — no espírito e na carne. Escrever, concluíamos, era um ato literário, artístico; publicar, um ato comercial ou industrial. O casamento entre autor e editor, portanto, estava condenado a ser uma união precária, sujeita a desconfianças, conflitos e até divórcios...

— Se fazemos intensa propaganda dum livro — explicava-me Henrique —, temos de carregar essas despesas no custo da edição, o que fatalmente encarecerá o preço da unidade. E como é que vamos convencer o público de que ele tem de ler também os autores nacionais?

No Rio de Janeiro, o poeta-editor Augusto Frederico Schmidt lançara um livro notável, *Casa grande e senzala*, que revelava um sociólogo do porte de Gilberto Freyre. Por sua vez o livreiro José Olympio fazia-se editor e prestava inestimável serviço à literatura brasileira tornando conhecidos, além de outros, romancistas como Graciliano Ramos, Jorge Amado, José Lins do Rego, José Américo de Almeida e Raquel de Queiroz, que davam novos rumos à literatura do Brasil. Grandes poetas como Carlos Drummond de Andrade, Manuel Bandeira, Jorge de Lima, Murilo Mendes seriam também por ele publicados.

Mas eram escritores da "Corte"! Apareciam na capital do país. Tinham, além de seu valor próprio indiscutível, boa imprensa. Nós estávamos na província não só geográfica como também — tínhamos de reconhecer — psicologicamente.

Enquanto conversávamos sobre esses problemas eu pensava, melancólico, no livro em que estava já trabalhando, apenas aos sábados à tarde, já que nos outros dias eu tinha de dedicar dez horas à Revista e às traduções.

Um dia estava eu na redação do quinzenário da Globo colando numa folha de cartolina fotografias dum *réveillon* de 31 de dezembro em Santiago do Boqueirão, quando me entrou gabinete adentro um belo exemplar humano, assim com o ar dum *viking* que desce de seu barco e pisa terra firme e ignota com um ar de conquistador. Reconheci nele Vianna Moog, que havia poucos anos me tinha sido apresentado rapidamente na rua da Praia por Danton Coelho, amigo comum. Apertamo-nos as mãos e convidei Vianna Moog a sentar-se. Cabelos alourados, olhos azuis, feições nítida e agradavelmente desenhadas, aquele fiscal de imposto de consumo me contou que voltava do Amazonas, para onde fora removido, como castigo por ter acompanhado Borges de Medeiros na sua revolução (1932) contra o governo de Getúlio Vargas. Aproveitara o "exílio" para ler muito e escrever. Deu-me um exemplar de seu livro *Heróis da decadência*, para o qual lancei um olhar morno. Vianna Moog voltava agora a servir em Porto Alegre, tinha originais na gaveta e oferecia-os à Globo. Henrique entrou no meu gabinete e cumprimentou o visitante cerimoniosamente. Conversamos os três por alguns instantes, ao cabo dos quais o Vianna Moog se retirou.

No dia seguinte perguntei a Henrique:
— Que te pareceu o homem?
— Muito boa pinta!
— Pois é, tinha todo o direito de ser burro, mas não é. Li o livro a noite passada duma assentada. É ótimo. Podemos pegar o próximo, de olhos fechados.

Foi assim que Moog se tornou um autor da Globo. Mais importante ainda: foi assim que começou a nossa amizade.

XI

Eu não saberia dizer exatamente em que ano aconteceu o que vou narrar. Só me lembro de que um dia Henrique me convidou à sua maneira simples, sempre isenta de qualquer tom solene — para ajudá-lo na editora, roubando algumas horas à *Revista do Globo*. Propunha pagar-me por esses serviços de conselheiro literário duzentos mil réis por mês. Era dinheiro que me caía do céu! Aceitei o convite e comecei a trabalhar. (Só muitos anos mais tarde é que vim a descobrir que esses "duzentos pilas" Henrique os tirava do próprio ordenado, proibido que estava de contratar mais gente para a Editora.) Tínhamos escritórios contíguos, separados apenas por um fino tabique. Costumávamos ambos trocar ideias e planos. Um dia sentei-me diante de sua mesa e disse:

— Quer arriscar perder dinheiro mas dar prestígio literário à Editora?

— Como?

— Publicando o livro que acabo de ler, recomendado por Augusto Meyer. É o *Point Counterpoint*, de Aldous Huxley, autor inglês moderno.

— Que gênero?

— Romance: literatura para uma elite. Mais de quatrocentas páginas.
— Quem vai traduzi-lo?
— Eu mesmo.

Mostrei-lhe o volume. Ele o folheou, coçou a cabeça, tornou a me olhar e por fim disse:

— Vou escrever ao nosso agente em Nova Iorque pedindo-lhe que nos consiga os direitos autorais sobre esse "calhamaço", com exclusividade para a língua portuguesa.

Levei oito duros meses para traduzir o *Contraponto*, que foi publicado em 1935, no mesmo ano em que apareceu o meu *Caminhos cruzados* — cujos originais haviam dormido dez meses na gaveta da Editora. Por mais ridículo e absurdo que pareça, a crítica que se fez em torno do meu romance de certo modo chamou a atenção do público brasileiro sobre a obra de Huxley. Dizia-se que eu havia "imitado" o romancista inglês na minha nova obra, principalmente no que dizia respeito à construção e à intenção simultaneísta. (Esses críticos ignoravam ou esqueciam a existência do *Manhattan Transfer*, de John Dos Passos, que eu lera em Cruz Alta, ainda na botica, e do *Moedeiros falsos*, de André Gide, que me chegara às mãos, já em Porto Alegre, numa brochura de bolso.) Mas o importante nessa estória toda é o fato de Henrique Bertaso ter aceito a minha perigosa sugestão editorial.

Contraponto foi um livro de venda lenta, mas o prejuízo com que ameacei o bravo editor não se verificou. Até hoje — passados quase quarenta anos — esse romance é periodicamente reimpresso.

XII

Incansável, Henrique vivia com a cabeça cheia de projetos editoriais. Atirara-se também na literatura infantil. Publicara *Heidi*, de

Johanna Spyri, com ilustrações em tricromia de João Fahrion. E também esse "clássico" que é a *Ilha do tesouro*, de R. L. Stevenson. E *Meninos d'água*, de Charles Kingsley, e os incomparáveis *Alice no país das maravilhas* e *Através do espelho*, de Lewis Carroll, não foram esquecidos.

Mais tarde a obra de Andersen seria também publicada, com ilustrações de Nelson Boeira Faedrich. São desse artista, de traço tão pessoal, as admiráveis ilustrações de *Lendas do sul* (Simões Lopes Neto).

A Coleção Nobel foi também ideia de Bertaso: uma série que incluísse não apenas autores que haviam ganho o famoso prêmio instituído pelo fabricante de explosivos sueco, mas também outros autores de valor literário. Organizei uma lista de escritores que poderiam fazer parte dessa ilustre companhia e, aos poucos, livros de autoria deles foram sendo traduzidos e editados pela Globo. Thomas Mann apareceu com *A montanha mágica* e *Os Buddenbrooks*. Papini (relíquia dos tempos mansuetianos) com *Gog*. G. K. Chesterton com *O homem eterno*, Joseph Conrad com *Tufão*, *Vitória* e *Lord Jim*. James Hilton com *Adeus, mr. Chips*, *Horizonte perdido* e *Não estamos sós*. John Steinbeck formou com *As vinhas da ira*, Norman Douglas com *Vento sul*, Robert Graves com *Eu, Claudius, imperador*, Romain Rolland com o seu famoso *Jean-Cristophe*. Richard Llewellyn nos deu *Como era verde o meu vale* e *Apenas um coração solitário*, Sinclair Lewis, *Babbitt* e *Arrowsmith*, Theodore Dreiser, *Carolina*, André Gide, *O imoralista*...

Um dia fiz um teste com Henrique Bertaso. Queria saber se como editor ele "tinha medo de Virginia Woolf". Não tinha. Isso nos permitiu publicar dessa admirável mas hermética romancista o *Orlando*, em primorosa tradução de Cecília Meirelles (quem mais?), e *Mrs. Dalloway*. Edith Wharton deu à Nobel *A casa dos mortos* (*Ethan Frome*) e Willa Cather, *Safira e a escrava*. Eu próprio traduzi com amor para essa coleção o *Bliss* (*Felicidade*), de Katherine Mansfield, lá pelos idos e vividos de 1937. (Há pouco uma editora carioca republicou esse livro, usando a minha tradução, comprada à Globo, e cometeu a injustiça — pobre Kathy! — de imprimir na capa dos volumes o nome do tradutor em letras maiores que as do nome da autora.)

Aproveito esta oportunidade para uma confissão. Estava eu a traduzir o *On the Spot*, de Edgar Wallace, quando, movido pelo tédio quase mortal que o livro me produzia, resolvi colaborar com o autor e tomar liberdades com o texto, respeitando a estória mas modificando o estilo. Fiz o diabo. A novela foi publicada com o título de *A morte mora em Chicago*. Será demasiada pretensão afirmar que em português ficou melhor que no original? Acho que não, pois dizem que Wallace — que não se preocupava com a forma literária — costumava ditar a seus secretários duas estórias ao mesmo tempo, caminhando dum lado para outro e fumando como um desesperado, cigarro sobre cigarro.

William Faulkner, como não podia deixar de acontecer, apareceu na Nobel com o seu *Luz de agosto*. E uma das últimas apresentações dessa ilustre série foi a de Graham Greene, autor para o qual Paulo Rónai me chamara a atenção, e que comecei a ler — e leio até hoje — com o maior deleite, pois é dos meus romancistas favoritos. Desse ficcionista inglês a Nobel publicou *O condenado* e *O poder e a glória*. Uma das "proezas" dessa coleção foi a de tornar quase popular no Brasil um romancista como Charles Morgan (*Sparkenbroke, A fonte, Retrato num espelho, A viagem, Rota de fuga* etc...).

Deixei de lado, de propósito, um autor cujos livros foram também publicados na Nobel com notável sucesso. Vou contar como o "descobri". Um dia recebi na redação da Revista um exemplar de *The Tattler*, semanário ilustrado de Londres. Folheei-o às pressas e de repente dei com um retrato de página inteira: um sujeito cinquentão, cara marcada, olhos de sáurio, boca de expressão sardônica... A legenda da foto era mais ou menos assim: *William Somerset Maugham, autor de* Of Human Bondage, *que a crítica mundial considera um dos maiores romances do nosso século.* Entrei no escritório de Henrique, mostrei-lhe a cara de mestre Maugham e disse: "Temos de agarrar este autor!" Meu amigo mandou imediatamente buscar um exemplar do livro, ao mesmo tempo que pedia opção sobre seus direitos autorais para a língua portuguesa. Antes, porém, de lançar *Servidão humana* (a tradução foi lenta e acidentada) publicou-se do mesmo Maugham um livro de contos bastante menor, *The Trembling of a Leaf (Contos dos Mares do Sul)*. E vieram outros. Todos os que W. S. M. escreveu, creio, menos as peças de teatro.

Ao cabo de alguns anos a "nossa" editora era conhecida em todo o país. Henrique organizara uma boa rede de distribuição. Os livros com a chancela da Globo eram vistos em quase todos os recantos do Brasil. Foi graças a eles que autores europeus de línguas anglo-saxônicas e germânicas foram postos ao alcance do leitor médio brasileiro. Até então o Brasil em matéria de traduções estivera quase exclusivamente voltado para autores franceses. Nós mesmos, entretanto, continuávamos a "cultivar" a França, tendo incluído na Coleção Nobel o extraordinário *Les Thibault*, de Roger Martin du Gard. Mais que isso: quando a França caiu sob o domínio da Alemanha nazista, sabendo que du Gard, um "francês livre", estava vivendo em dificuldades financeiras e possivelmente até em perigo de vida Henrique Bertaso, aceitando a sugestão de um de nossos tradutores, o dr. Casimiro Fernandes, mandou convidá-lo para vir viver no Brasil *por conta da Editora Globo e sem compromisso de nenhuma espécie da parte do escritor*. Du Gard ficou sensibilizado com o convite, mas não o aceitou.

Eu não saberia dizer — a menos que agora, no momento em que escrevo, telefonasse a Henrique Bertaso, apelando para a sua memória — como foi que a Editora descobriu autores como Lion Feuchtwanger, de quem se publicaram *O judeu Suss* e *Flavius Josephus*, e René Fülöp-Müller, autor de *Lenine e Ghandi* e *Os jesuítas e o segredo de seu poder*. Quem e como teria descoberto Oskar Wertheimer, autor duma biografia de *Cristina da Suécia*, e Gina Kaus, biógrafa de *Catarina II?* Eram, todos, livros originalmente escritos em alemão, e em sua maioria grossos volumes. E de onde teríamos desencavado o misterioso escritor Essad Bey, que fez uma biografia de *Nicolau II?* Tenho a impressão (estarei certo ou errado?) de que o primeiro livro de divulgação da psicanálise aparecido em língua portuguesa no Brasil foi o de C. Weiss, publicado pela Globo em forma de manual (1937). Duma feita Henrique e eu nos entusiasmamos com o sucesso que fazia nos Estados Unidos um livro de título fascinante: *A vida começa aos quarenta*. Compramos seus direitos para a língua portuguesa. Eu próprio o traduzi e esse *best-seller* foi publicado no Brasil, onde não despertou muito interesse, o que não *é* de admirar, pois na minha opinião o livro é chatíssimo.

Em 1934 — treze anos antes de a tevê comercial começar nos Estados Unidos — Henrique fazia a sua editora publicar uma monografia intitulada *Televisão*. Hoje em dia discutem-se com paixão e urgência problemas de ecologia. Já em 1937 a Globo traduzia e lançava no Brasil um livro de Thomas Daring intitulado *Os aproveitadores da natureza*, que já era uma advertência aos homens que despojavam e poluíam o ambiente em que viviam.

E a todas essas havia também os livros didáticos, que naqueles tempos, como agora, exigiam um cuidado especialíssimo. Nesse setor Henrique contava com a colaboração competente do prof. Alvaro Magalhães.

XIII

Em 1935 minha mulher e eu nos mudamos para um apartamento na rua São Rafael. Como Henrique também andasse à procura de casa, comuniquei-lhe que o apartamento que ficava abaixo do nosso estava vago. Henrique foi examiná-lo, gostou dele e para lá se mudou com a família: a esposa e os três filhos homens, em ordem decrescente: José Otávio, Cláudio (um demônio) e Fernando. Como não tivéssemos ainda filhos e gostássemos muito de crianças, costumávamos "pedir emprestado" aos vizinhos o filho mais moço. Foi durante o tempo em que vivemos na rua São Rafael que as relações entre os Bertaso e os Verissimo se estreitaram. Caiu o "seu" de nosso tratamento. Agora já nos olhávamos cara a cara e até trocávamos confidências, discretíssimas, é verdade, mas fosse como fosse tínhamos dado um considerável passo à frente em matéria de relações pessoais. Conhecemos Luiza, mulher de Henrique, pessoa excepcional, campeã de domesticidade, uma dessas figuras humanas que são sempre as mesmas, em todas as circunstâncias (neste ponto muito parecida com Luiza Rosenblatt, Frigga Moog e Lorena Fornari).

Às vezes sentávamo-nos todos num pequeníssimo pátio nos fundos do edifício e ali ficávamos, Henrique e eu discutindo livros e autores, imaginando coleções novas e também perguntando um ao outro se algum dia a situação financeira da Editora poderia melhorar a ponto de permitir que ambos ganhássemos um ordenado mais alto — ou, melhor, menos baixo —, que nos permitisse a esperança de viajar ao estrangeiro.

Em 1935 nasceu o primeiro filho dos Verissimo, uma menina. Demos-lhe o nome óbvio de Clarissa. Fernando Bertaso, entretanto, não perdeu o seu reinado.

Creio que foi naquele mesmo exíguo pátio que uma tarde discutimos o projeto duma coleção dedicada às crianças, em volumes de formato grande, com ilustrações em muitas cores. Escrevi para essa série (Coleção Nanquinote) seis estórias que apareceram entre 1936 e 1937. Dei ao herói da primeira *(Aventuras do avião vermelho)* o nome de Fernando. Nesse tempo eu mantinha, na rádio Farroupilha, sob o pseudônimo de Amigo Velho, um programa em que contava estórias para crianças. Como minha atividade na Revista e na Editora me ocupava as horas úteis do dia, as traduções enchiam as horas da noite e eu dedicava as tardes de sábado e os domingos aos meus próprios romances — o remédio era *improvisar* as estórias à frente do microfone.

Em 1937 Henrique conseguiu convencer os chefões da firma de que a Globo devia mandar um representante à famosa feira de Leipzig, Alemanha. Quando o vi embarcar para a Europa tive-lhe uma cordial e saudável inveja. O meu dia haveria de chegar...

Meu amigo voltou da viagem entusiasmado e cheio de planos. Andávamos ambos naquela época preocupados com a má qualidade das traduções brasileiras em geral, inclusive (e às vezes *principalmente*) as nossas. Era preciso fazer alguma coisa para corrigir esse terrível defeito.

XIV

Só lá por princípios da década de quarenta é que nos foi possível pôr em prática o plano de "saneamento" de nossas traduções. Contratamos vários tradutores com um salário fixo. Nas salas da Editora tivemos excelentes profissionais: Leonel Vallandro, Juvenal Jacinto, o dr. Herbert Caro (advogado natural de Berlim, mas que havia aprendido a escrever corretamente em português), Homero de Castro Jobim e vários outros.

O processo da tradução de uma obra tornou-se então algo de muito elaborado. Escolhido o livro a verter-se para o português, procurava-se o tradutor, de acordo com a especialidade linguística de cada um. Feita a escolha do tradutor, este fazia sem pressa o seu trabalho, tendo à sua disposição uma rica biblioteca em que havia vários dicionários e enciclopédias. (A gigantesca Espasa-Calpe, a famosa Britannica, a Italiana e várias alemãs, francesas, inglesas e americanas.) Lembro-me de que em cima duma pequena mesa avultava o "Webster grande", grossíssimo e que — não sei bem por quê — me lembrava um avantajado queijo suíço. Depois que o tradutor dava por terminado o seu trabalho, os respectivos originais eram entregues a um especialista da língua de que o livro fora traduzido, para que ele os confrontasse, linha por linha, com o original, procurando verificar a fidelidade da versão. Mas o processo não terminava aí. Havia uma terceira etapa, a em que um especialista examinava o estilo do livro, discutindo-o com o tradutor, cujo nome ia aparecer sozinho no pórtico do volume. Em caso de divergência havia uma arbitragem. Os livros estrangeiros publicados durante os quatro ou cinco anos em que esse esquema durou são de excelente qualidade no que diz respeito à tradução. O nosso chefe maior, porém, ficava apavorado — e com razão! — quando examinava o custo de tradução de cada obra.

Foi em 1947, ano financeiramente mau para a Secção Editora, que essa admirável equipe foi dissolvida, embora permanecesse intato o nosso propósito de dar a nossos livros as melhores versões brasileiras possíveis.

Havia anos que Leonel Vallandro trabalhava para a Casa na qualidade de tradutor, principalmente no setor de novelas policiais e de aventuras. Aos poucos, porém, fomos examinando com mais cuidado a boa qualidade de seu trabalho, não só quanto à fidelidade aos textos originais, como também ao estilo em nossa língua.

Vallandro foi então "promovido por merecimento" da Coleção Amarela para a Nobel, e com o tempo transformou-se não só no melhor tradutor da casa como num dos melhores do Brasil.

Henrique Bertaso namorava — uns de perto, outros de longe — muitos de seus projetos editoriais. Dentre eles avultavam dicionários, manuais técnicos e enciclopédias — em suma, obras de preparo lento, complexo, difícil... e caro. Um dia discutimos um assunto que eu conhecia de perto, como tradutor e leitor. Não existia no Brasil nem em Portugal nem em parte alguma um dicionário inglês-português realmente bom. Henrique pensou no assunto e, oportunamente, encarregou Leonel Vallandro de empregar-se a fundo na organização dum dicionário desse tipo, o que o nosso precioso colaborador fez da maneira como faz tudo — com vagar, seriedade, aplicação e inteligência. Assim, em 1954 a Globo pôde publicar a primeira edição do monumental *Dicionário inglês-português*, de quase 2 mil páginas, que considero o melhor *in existence* em qualquer parte do mundo.

Há também que lembrar Juvenal Jacinto, fiel e sério tradutor. Encaramujado no seu silêncio e na sua discrição, feltro na voz e nos gestos, é um ser que parece desculpar-se diante dos outros por estar vivo. Mas é um homem duma só peça.

XV

Aos poucos fui abandonando a *Revista do Globo* e dedicando a maior parte de meu tempo à Editora. Isso foi muito bom para a Revista e não de todo mau para a Editora. Um mocinho que como eu também viera de Cruz Alta — Justino Martins era o seu nome — trabalhava como revisor na tipografia da Globo. De Souza Junior, que exerceu por algum tempo as funções de diretor da Revista, ao deixar o cargo sugeriu que Justino fosse nomeado seu substituto, o que se fez. Ninguém tinha muita fé naquele rapazote magro e moreno, de bigode fino, pouco dado a conversas. No entanto ele viria a revelar-se um prodigioso "revisteiro" e durante o tempo em que se ocupou do quinzenário da Globo, essa publicação chegou a obter uma reputação nacional, graças à maneira como era feita e à matéria que publicava. Mais tarde Justino, mais velho (quero dizer, menos verde), abandonaria o pago e, depois duma permanência longa em Paris, iria trabalhar no Rio com os irmãos Bloch, com os quais está até hoje, sendo uma das figuras exponenciais daquela grande empresa. É ele, à frente duma boa equipe, quem dá vida a *Manchete* e *Ele e Ela*.

O primeiro número de Província de São Pedro

Já que estamos falando em revistas, vai aqui mais uma estória. Um dia — não sei quem, mas acho que foi o admirável ensaísta Moysés Vellinho — perguntou a Henrique Bertaso por que a Casa não decidia publicar uma revista literária digna do Rio Grande e da reputação da Editora. Outros intelectuais apoiaram a ideia e, algum tempo depois, surgia, sob os melhores auspícios, a *Província de São Pedro*. Eu me encontrava nos Estados Unidos quando a ideia foi discutida. Achei-a excelente e encorajei Henrique a levá-la a cabo, mesmo sem muita esperança de que uma publicação dessa natureza pudesse vingar em Porto Alegre. Numa troca de correspondência que tivemos então, eu lhe declarava que, na minha opinião, ninguém melhor que Moysés Vellinho podia exercer as funções de diretor da nova publicação.

O sucesso de *Província de São Pedro* foi excepcional do ponto de vista literário. Muito do que nela se fez deve-se a um homem de grande valor — Carlos Reverbel —, que exerceu as funções de secretário de redação. A publicação durou vinte e cinco números. Foi aos poucos morrendo até sumir-se, como "os velhos marinheiros" da famosa canção inglesa.

XVI

Eu continuava a escrever e publicar livros. A *Caminhos cruzados* (aparecido em 1935), seguiram-se *Um lugar ao sol* (1936) e *Aventuras de Tibicuera* (1937). Em 1938 a Globo publicou *Olhai os lírios do campo*, o romance que iria dar novo rumo à minha vida profissional. Até então as edições de 2 mil exemplares de meus livros levavam cerca de dois anos para se esgotarem. A nova estória teve sua primeira edição de 3 mil volumes vendida em poucas semanas. Quando Henrique, feliz como eu com o "sucesso", mandou rodar

nas máquinas uma segunda tiragem, o velho Bertaso — homem difícil de deixar-se iludir, principalmente com literatos — exclamou: "Vocês estão doidos! Qualquer dia os livreiros começam a devolver esses Lírios todos e com a capa borrada!". Essa negra profecia, entretanto, não se cumpriu. Antes de findar o ano de 1938 já aparecia a terceira edição do romance de Olívia e Eugênio. O linotipista da oficina da Livraria do Globo que compôs o *Olhai os lírios do campo* um dia puxou conversa comigo sobre Olívia e sentenciou:
— Mulher como essa não existe no mundo.
— Foi por isso mesmo que eu a inventei — respondi.

XVII

Quando eu ainda trabalhava na *Revista do Globo* — sempre sem verba para pagar colaboradores —, era meu hábito mandar fazer clichês de alguns dos belos desenhos que ilustravam os contos de revistas americanas. Quando me vinham as provas desses clichês eu, invertendo o processo habitual em todas as revistas do mundo (pelo menos nas normais), inventava e escrevia às pressas *contos que se adaptassem àquelas ilustrações* e firmava-as com um pseudônimo estrangeiro. Gilbert Sorrow apareceu como autor da estória (pasticho de Remarque) intitulada *Lama das trincheiras*. Mais tarde um tal Dennis Kent escreveria *O navio das sombras*. E quantas vezes, para "tapar buracos" nas páginas da Revista, fui poeta árabe, chinês, persa e hindu?

Até hoje de vez em quando alguém nos pergunta quem é Gilberto Miranda, que há tanto tempo trabalha para a Globo. Ora, trata-se duma "personalidade de conveniência" que inventei, uma espécie de factótum literário. Se uma equipe anônima organiza um livro ou escreve um ensaio e precisamos de um *nome* para aparecer como autor dessas tarefas, convocamos Gilberto Miranda que, assim, tem sido, além de tradutor, especialista em crítica literária, modas femininas e masculinas, trabalhos manuais, política internacional, história natural, psicologia, etc., etc. Gilberto Miranda não tem idade. Nestes últimos quarenta anos, Henrique e eu temos ficado mais velhos, mas o infernal Miranda continua jovem: tem sempre trinta anos, a mesma cara, a mesma disposição para o trabalho, e continua a ser suficientemente cínico (ou prático) para emprestar seu nome a qualquer empreendimento literário, por mais medíocre que seja...

XVIII

Henrique e eu continuávamos com nossos planos. E se começássemos uma coleção (eu já tinha até um título para ela: Biblioteca dos Séculos) composta de grandes livros da literatura universal? "É uma ideia" — murmurou Henrique. E eu: "E sabes quem vai escolher os livros e os autores para essa série? O Tempo, o melhor crítico literário que conheço. A escolha já está feita, naturalmente..."

Henrique pegou de sua caneta e pôs-se a fazer num bloco de papel cálculos de custo. Claro, dessa biblioteca fariam parte livros cujos direitos haviam já caído em domínio público — o que representava uma economia. Comecei a enumeração: *O vermelho e o negro* e *A cartuxa de Parma*, de Stendhal... Os contos de Tchékhov... Os de Poe... Os de Maupassant... Algo de Shakespeare... O *Tom Jones* de Fielding... Nietzsche. Bah! Imagina só: Nietzsche... E Montaigne... E Tolstói... E Ibsen! (Ao mencionar o nome deste autor lembrei-me da farmácia de Cruz Alta, e um olor de alcaçuz por uma fração de segundo me perfumou a memória)... Claro, Dickens! E Balzac, sem a menor dúvida... Mme. de Lafayette com *A princesa de Clèves*... Laclos com *As ligações perigosas*...

51

Henrique acrescentou: "E Platão". E para minha surpresa me informou que queria esse autor traduzido diretamente do grego. Cabe aqui a revelação dum fato que, do ponto de vista humano, é um crédito para o chefe da Secção Editora da Livraria do Globo, mas que do ângulo comercial não diz nada em seu favor. Se Henrique pensava em editar obras de Platão traduzidas diretamente do grego era principalmente porque queria, por pura solidariedade, dar trabalho a um certo professor estrangeiro que conhecia aquela língua e que precisava ter o seu magro salário mensal aumentado. E já que entramos no terreno das confidências — vá lá! — direi mais, que meu amigo Bertaso costumava inventar projetos (que raramente ou nunca levava a cabo) só para ajudar um escritor, um professor ou um estudante que andasse em má situação financeira.

Uma seleção definitiva para a Biblioteca dos Séculos foi feita mais tarde, com sugestões de outros amigos e colaboradores nossos. Lembro-me no dia em que entreguei a Gustavo Nonnenberg uma edição francesa de *Guerra e paz*, para que ele traduzisse o monumental romance para o português. Menciono esse pormenor porque a nossa publicação da obra máxima de Tolstói coincidiria com a invasão da Rússia pelas tropas nazistas, em 1941. Ao ouvir essa notícia, precipitei-me para o gabinete de Henrique e exclamei:

— Veja o poder do departamento de publicidade da Editora Globo! Conseguimos que o *Führer* parodiasse Napoleão, invadindo a Rússia, e fizemos esse golpe sincronizar com o lançamento no Brasil de nossa edição de *Guerra e paz*!

XIX

Muitas pessoas — secretários, tradutores, assessores, leitores — passaram pela Editora nestes cinquenta anos. Não me será possível nesta breve crônica mencioná-las todas, ou dizer muito das que forem lembradas.

Lá vai Estêvão Cruz, corpulento, rosto redondo e carnudo, de expressão simpática. Sua voz tem a música da prosódia pernambucana. É um ex-padre, homem inteligente, culto e bondoso — ainda não de todo afeito e alerta às traições do mundo. Sabe dar uma boa risada, gosta de contar e ouvir anedotas. Tem um curioso hábito: só escreve a mão e com essas canetas simples que os homens de nossa geração usavam na escola primária: as mais baratas, de madeira ordinária... Estêvão Cruz prepara agora a sua *Antologia portuguesa* para a Editora Globo. É um trabalhador incansável.

Quem é o senhor moreno, magro e quieto que ali está no seu canto, em meio de dicionários, enchendo fichas? Francisco Fernandes, natural da cidade de Formiga, Minas Gerais. É o autor do excelente (e talvez único entre nós) *Dicionário de verbos e regimes*. (Tive um dia uma dúvida quanto ao uso duma preposição depois de certo verbo. Consultei o dicionário de Fernandes e lá encontrei uma frase dum autor que abonava o meu emprego dessa regência. Acontecia, porém, que a frase fora tirada dum romance meu!) Suave de voz e gestos, discreto, bom companheiro, Francisco Fernandes, hoje falecido, deixou vários dicionários utilíssimos. Guardo a melhor das recordações desse mineiro modesto — humilde até —, que parecia pedir desculpas aos outros por existir, e que ficava encabulado quando alguém lhe elogiava as obras em sua presença.

Passou como um foguete pela Editora — quando eu lá não estava mais em caráter efetivo — a figura de Mário de Almeida Lima, inteligência viva e impetuosa, que se divide entre o seu amor pelos livros e a sua paixão pela política.

O moço robusto — pele dum moreno meio rosado — sempre correta e limpamente vestido e escanhoado, e que ali está batendo na máquina de escrever como um desesperado? É Antônio Barata, jornalista de vocação, um entusiasta do livro em geral e da Editora em particular.

E lá está a corrigir provas no seu canto obscuro o Marques Guimarães — antigo funcionário, bom conhecedor de gramática da língua portuguesa. Se emendássemos umas nas outras as páginas de livro que ele já revisou na vida, creio que conseguiríamos formar uma fita de papel suficientemente longa para cobrir a distância que separa a Terra da Lua. E agora que morreu, será que Guimarães — o nosso bom Guima — estará a revisar provas para alguma tipografia da Eternidade? Toda essa gente tinha contatos profissionais e humanos com Henrique Bertaso. Podia-se ver a olho nu que todos estimavam o diretor da Editora, cuja porta estava sempre aberta para receber um funcionário que tinha algo de profissional a comunicar-lhe ou alguma reivindicação pessoal a fazer-lhe. Paciência e boa vontade nunca lhe faltavam.

XX

Henrique e José Bertaso conservavam o curioso hábito de serem barbeados a domicílio, ou melhor, nos seus escritórios, na firma, por barbeiros profissionais. Homem da Gillette (e hoje do barbeador elétrico), eu não podia deixar de achar graça naquela cena matinal cotidiana: José e Henrique sentados em suas cadeiras, toalhas amarradas no pescoço, rostos cobertos de espuma branca, entregues cada um à navalha de seu barbeiro. Os dois "fígaros" eram italianos: Fernando Lambiase, natural de Salerno, e Francisco Conti, originário da Sicília. Dois sujeitos excelentes. (Quero um bem especial ao Chico, a quem eu entregava as minhas melenas de então, hoje falripas.) Como o "Fernanduccio" fosse também um excelente cozinheiro, Henrique e José organizavam na modesta casinha de tábua desse barbeiro jantares periódicos, para os quais convidavam alguns "amigos da Editora". Havia um grupo de "veteranos" que era eventualmente acrescido de um que outro convidado. Os *habitués* eram Moysés Vellinho, José Rasgado Fº, Reynaldo Moura, Athos Damasceno, Hamilcar de Garcia, Guilhermino Cesar, Vidal de Oliveira, Dante de Laytano, Alvaro Magalhães, Darcy Azambuja, Maurício Rosenblatt, Mario Quintana. Vez que outra aparecia Manoelito de Ornellas. Duma feita tivemos Augusto Meyer como convidado especialíssimo — pois nosso Bilu vivia então no Rio.

Esses jantares só para homens tinham caráter boêmio. A sala de jantar dos Lambiase nessas noites lembrava uma cena de filme italiano de Vittorio de Sicca. Era um gosto a gente olhar os bibelôs, os retratos de família antigos, os guardanapos de croché, as pinturas na parede — tudo muito italiano, mas italiano meridional, rústico, doméstico, telúrico...

À medida que se ia esvaziando o garrafão de vinho tinto colonial, esquentavam-se os convivas e começavam as anedotas, a princípio de natureza familiar, mas no fim da noite já decididamente escatológicas. Rompiam gargalhadas estentóreas. As faces se tingiam dum vermelho lustroso de entusiasmo báquico. (Refiro-me a Baco e não a João Sebastião Bach.) Falava-se de tudo, menos de literatura. E a macarronada e o frango preparados pelos Lambiase eram uma delícia!

Uma noite, num desses ágapes, descobri sobre uma mesinha um imenso ovo de avestruz. Não sei que demônio me soprou ao ouvido a ideia de começar um jogo, já que aquele "objeto" oval se parecia um pouco com a bola usada no futebol norte-americano. Olhei para o Reynaldo e gritei: "Agarra a bola!" — e atirei-lhe o ovo, que o homem da *Ronda dos anjos sensuais* passou para José Bertaso, o qual o atirou para Guilhermino Cesar, que teve a trágica ideia de jogar a improvisada bola para Mario Quintana. Ora, o nosso querido poeta, que não é bem deste mundo, ergueu-se de repente, recuando e recusando agarrar aquela coisa branca que arremessavam sobre ele... O ovo caiu sobre a mesa e partiu-se, espalhando sobre a toalha um líquido gosmento, dum amarelo sujo, e dum fedor sulfuroso de podridão milenar — um fedor pré-histórico, que nos entrava pelas narinas, medonho, ácido, apocalíptico, como um resumo de todas as decomposições do mundo através dos séculos... um horror! A debandada geral começou. A sala esvaziou-se em menos de um minuto. Saímos para a rua e para a noite morna e estrelada. Mas a podridão nos acompanhou, entranhada nas nossas narinas, nas nossas roupas, nas nossas peles...

A "estória do ovo de avestruz do Fernanduccio" ficou célebre nos anais daqueles jantares periódicos. Até hoje — passados mais de vinte anos — ainda nos rimos ao recordar o incidente que eu, sem querer, provoquei. A roupa e a epiderme de Mario Quintana aquela noite ficaram respingadas da fétida gosma do ovo. O poeta, porém, permaneceu puro. E continuou a escrever poesia e prosa duma beleza e duma limpeza tão grandes que reconciliam qualquer cético com a vida e o gênero humano.

XXI

Durante o fim da década de 30, Maurício Rosenblatt, um de meus mais velhos e queridos amigos, trabalhava na Casa Victor, onde vendia discos, rádios, eletrolas e aparelhos eletrodomésticos. Homem de inteligência e sensibilidade agudas, boas leituras e pendores literários, não se sentia nada feliz no comércio. Costumávamos encontrar-nos quase todos os dias, a uma hora certa, numa das filiais do Café Nacional, ao lado da Casa Victor. Tomávamos o nosso cafezinho, trocávamos ideias (quando as tínhamos), falávamos no fim da civilização ocidental, quando não no fim do mundo, e principalmente despejávamos um sobre o outro os nossos sonhos e as nossas frustrações. Um dia eu disse ao meu amigo:

— Serias o homem ideal para trabalhar numa casa editora. Por que não vais para a Globo?

Seria inútil contar aqui as muitas conversas que, nos dias que se seguiram, tivemos sobre esse assunto, as hesitações de Rosenblatt e as minhas próprias... Ele dizia: "Mas que entendo eu de editoras?" Eu replicava: "Mas que entendemos nós? Este não é um país de especialistas. A gente começa tateando e acaba aprendendo..."

Maurício entrou finalmente para a Família Globo, desencaminhado por mim. Graças a ele pudemos apresentar uma "produção" (usemos o anglicismo hollywoodiano) magnífica da *Comédia humana* completa, na Biblioteca dos Séculos. Maurício entregou sabiamente a parte crítica e iconográfica dessa edição a Paulo Rónai, talvez o maior conhecedor de Balzac e sua obra entre nós. Foi também Rosenblatt quem nos conseguiu no Rio de Janeiro alguns escritores de nome, como Carlos Drummond de Andrade, que, vencidos pela sua capacidade de persuasão, se dispuseram a traduzir para o português volumes de *A la récherche du temps perdu*. Sim, porque nossa paranoia editorial começava a tomar proporções monumentais. Numa conspiração digna das novelas da Coleção Amarela — Henrique, Maurício e eu, em sinistro conluio —, decidimos atirar-nos nessa aventura editorial que foi a versão para a língua de Machado e Eça da grande obra de Marcel Proust.

Outro homem inteligente que prestou por algum tempo sua colaboração à Editora Globo foi Hamilcar de Garcia. Creio que fui eu quem o desviou, pelo menos um pouco, da sua boemia da casa dos vinte anos ao entregar-lhe para traduzir um livro escrito originalmente em inglês: *O tirano dos Andes*, uma biografia de Gomez, ditador da Venezuela. A mim me doía ver um sujeito tão "aproveitável" (como diria a minha avó) a fazer precários "bicos" em jornais e estações de rádio. Uma coisa, porém, eu ignorava. Hamilcar não sabia inglês — coisa que ele só me confessou mais tarde, depois de terminado o trabalho. A qualidade da sua tradução me pareceu muito boa. É que com os rudimentos de inglês que aprendera no ginásio o moço Garcia estudara essa língua enquanto traduzia o livro com o auxílio de dicionários. Dentro de poucos anos tornou-se um sólido conhecedor do "belo idioma bretão", como dizia o cronista literário de um jornaleco do nosso interior. E hoje em dia, como *freelancer*, é um lexicógrafo de grande mérito.

Tempo houve em que Garcia, humorista nato (desses que arriscam perder um amigo para não perder uma piada), foi secretário da Editora. Organizou quadros gráficos, com os quais acompanhava a marcha dum livro em suas várias etapas, usando alfinetes com cabeças esféricas de cores várias, cada qual com uma significação particular, assim como os generais seguem os seus exércitos e suas batalhas num mapa. E a luta numa editora — composição, paginação, revisão, impressão, lançamento de cada obra individualmente, com a publicidade prévia (tudo sempre dentro de magros orçamentos) — era coisa que tinha mesmo visos de guerra.

Maurício Rosenblatt foi um dia mandado para o Rio de Janeiro com uma finalidade, entre outras muitas — a de melhorar a imagem da Editora Globo perante os escritores nacionais, que nos acusavam de descurar da literatura indígena, voltando-nos exclusivamente para a estrangeira. Com suas excepcionais qualidades humanas, Maurício fez amigos entre intelectuais e gente de imprensa, realizando um belo trabalho (foi ele quem trouxe para a Globo o *Mar absoluto* da grande Cecília Meirelles). Mas convenceu-se — realista que é — de que os melhores escritores do país encontravam facilmente editores no Rio e em São Paulo. O que sobrava para a nossa editora — com algumas exceções, é claro — era uma espécie de "segundo time".

Ao tempo em que Maurício trabalhou conosco, ouviam-se com frequência nos corredores da Globo palavras cabalísticas: Kafka... Kafka... *O processo*... *O castelo*... Franz Kafka... Quem mais poderia vir depois de Proust e Joyce? (Deste último havíamos publicado o *Retrato do artista quando jovem*.)

Tínhamos o olho maior que o estômago — outra expressão avoenga —, quero dizer, comprávamos mais direitos sobre livros estrangeiros do que nossa capacidade de editar permitia. O fato de a editora estar ligada por um cordão umbilical a sua "mãe", a Livraria do Globo, fazia que a poderosa genitora pagasse as dívidas e caprichos da "menina", dando-lhe uma mesada que de ano a ano aumentava. "Quem era" — perguntava o velho Bertaso — "quem era esse tal senhor Platão que todos os meses recebe quinze contos de réis?" Henrique coçava a cabeça e explicava. Outra coisa que exacerbava o Chefe eram as despesas mensais com os dicionários e manuais técnicos que a Editora aos poucos organizava, ocupando muitos especialistas. Quando se veria o fim daquelas "obras de Santa Engrácia"? Henrique tratava de apaziguar o pai, que — passada a habitual explosão — autorizava os pagamentos.

Henrique — convencia-me eu cada dia mais e mais — era um visionário obstinado. Aguentava com calma e resignação as reprimendas, as desconfianças, os "estouros" paternos porque sabia com serena e lúcida certeza que estava trabalhando não para o momento presente, mas para o futuro. A Globo precisava formar um fundo editorial — livros de venda perene. O interesse que o jovem Bertaso tinha pelo *best-seller* era como o de um menino por fogos de artifício que brilham por um momento, chispando estrelas multicores... e depois se apagam.

XXII

Em 1941 visitei os Estados Unidos pela primeira vez, convidado pelo Departamento de Estado. Tinha eu então trinta e cinco anos de idade e era a primeira vez na vida que deixava o Brasil para visitar um país estrangeiro. Como o governo americano me tivesse feito um convite individual e eu não tinha dinheiro para pagar as despesas de viagem de minha mulher, esta se resignou a ficar, compreendendo o que aquela visita representaria na minha carreira literária. Henrique me emprestou o belo sobretudo de *tweed* que havia comprado em Hamburgo para enfrentar o inverno europeu. E lá me fui, num navio da Frota de Boa Vizinhança, o *Argentina*, rumo de Nova Iorque e da materialização dum antigo sonho que eu alimentava desde os dias de menino, quando no *Biógrafo Ideal* de Cruz Alta via filmes de *cowboys* contra peles-vermelhas e, mais tarde, os seriados cuja heroína era a minha primeira namorada americana, Pearl White. O que foi essa viagem está narrado em *Gato preto em campo de neve*.

Nesta altura da presente narrativa eu já me sinto perdido no que diz respeito à cronologia. O Tempo sempre me pareceu um misterioso e incerto território, cheio de labirintos, armadilhas escondidas, miragens e toda a sorte de *trompe l'œils*. Hoje em dia de vez em quando Henrique Bertaso e eu nos sentamos frente a frente e começamos a recordar o passado e com frequência nos extraviamos em matéria de datas... Em que ano aconteceu tal fato? Quando nos apareceu aquele poeta alemão, autor do *Andarilho*, e que nos queria impingir a potoca de que tinha vendido 50 mil exemplares de seu livro nos Estados Unidos? E aquele professor alto que se parecia com Abraão Lincoln — lembras-te? —, como era mesmo o nome do primeiro livro que nos ofereceu?

Não raro temos de recorrer a catálogos antigos ou ao velho livro de registro de edições. Mas alguns mistérios cronológicos permanecem. (Foram dúvidas dessa natureza que inspiraram o *nouveau roman*...)

Bom, mas o *quando* em geral (não sempre, eu sei) é menos importante do que o *como* e o *porquê* — daqui por diante, para benefício desta "crônica de família", não vou procurar mais colocar as pessoas e os acontecimentos na ordem cronológica de seu aparecimento ou acontecimento.

XXIII

Quero confessar um de meus maiores erros como orientador literário da Globo. Ora, era natural que para compensar nossos sonhos de grandeza editorial — trazer, por exemplo, James Joyce, Virginia Woolf e Marcel Proust ao alcance de leitores brasileiros, em boas traduções — eu devia estar de olho vivo a fim de recomendar também *best-sellers*, pois uma editora desgraçadamente não podia e não pode ainda viver apenas de glórias culturais. A base do monumento que sustenta as grandes figuras da literatura mundial, como Thomas Mann, Tolstói, Dostoiévski, Wasserman e os autores acima mencionados, é feita duma argamassa popularesca em que aparecem estórias policiais, romancecos de amor água com açúcar e novelas de capa e espada. Pois bem. Um dia nosso agente literário americano nos mandou um volume gordíssimo, para que o examinássemos com vistas a uma tradução brasileira. Informava ele — e nós já havíamos lido isso em revistas americanas — que esse *epic* estava obtendo um sucesso quase sem precedentes nos Estados Unidos. Levei o volume para casa, folheei-o sem muito entusiasmo, li dele trechos avulsos... Era uma estória que tinha como pano de fundo a vida do Sul daquele grande país e nele se dava relevo especial à Guerra Civil. No dia seguinte escrevi meu parecer a Henrique Bertaso mais ou menos nestes termos: "O romance gira em torno da Guerra da Secessão dos Estados Unidos. É demasiado volumoso e vai custar-nos muito caro traduzi-lo e publicá-lo. Duvido que nosso público possa interessar-se pelo assunto. Não recomendo a transação". Pois bem, tratava-se nada mais, nada menos do que *Gone with the Wind (E o vento levou)*. Isso deve ter acontecido em 1936 (quanto a esta data, *não* tenho dúvidas). Naquele mesmo ano a Metro Goldwyn Meyer comprou os direitos cinematográficos desse romance, que permaneceu durante meses, talvez mais de um ano, na lista dos *best-sellers* americanos. Começou então uma campanha de âmbito internacional em torno da pergunta: "Que atriz deverá fazer o papel de Scarlet O'Hara, a heroína de *Gone with the Wind*?". Um editor carioca comprou os direitos do romance de Margaret Mitchell e publicou-o no Brasil com o mais retumbante dos sucessos de livraria. *"Mea culpa!"* disse eu a Henrique. E meu amigo, dando de ombros, replicou: "Como diz o Antonio Dias (um velho funcionário da Globo), *não há de ser nada*. Que diabo! Temos dado tantos golpes certos..."

Quando agora, já ambos na casa dos sessenta, Henrique e eu discutimos nossos erros e acertos, as conversas costumam tomar este rumo:

— Te lembras da mancada que dei com o *E o vento levou*?

— Sim, mas eu também cometi os meus erros. Lancei o *Trelawney* com grande entusiasmo. Foi um de nossos maiores fracassos editoriais.

— Não maior que o *Boa noite, suave príncipe*, que eu recomendei à Editora em 1943 e que foi outro glorioso "abacaxi". Como podia eu imaginar que nosso público pudesse estar interessado numa biografia do ator John Barrymore?

— Não te esqueças que o Somerset Maugham foi "descoberta" tua. E Huxley. E Bromfield. E Hilton. E a ideia de lançar *Guerra e paz* também foi tua.

— Tens a teu crédito a descoberta de algumas pequenas "minas de ouro". Karl May, por exemplo, com sua vasta obra. E Hendrik Van Loon. (Devo te confessar que eu não fazia muita fé nesse holandês. No entanto...)

— Amigo Erico, nunca ninguém sabe qual vai ser a reação do público. Quem podia prever que o *Contraponto* ia ter tantas edições?

— E que o *Ship of Fools (A nau dos insensatos)* nos iria decepcionar em matéria de vendas...

Outro erro que cometemos juntos foi o de perder *O pequeno príncipe*, de Saint-Exupéry. Havíamos comprado os direitos sobre esse livro, que ficou juntando poeira num fundo de gaveta, pois se tratava duma obra ilustrada, cuja publicação adiávamos pelos mais variados motivos. Os anos se passavam — um, dois, três, quatro —, e um dia Henrique decidiu vender a outra editora os direitos de tradução do poema em prosa do famoso aviador-escritor. Pois o *Pequeno príncipe* transformou-se num *best-seller* perene. Há anos já que na Feira do Livro de Porto Alegre, realizada no mês de outubro, esse belo livro sempre aparece entre os mais vendidos.

De Stefan Zweig a Globo havia publicado *Erasmo de Rotterdam*. "Aqui está um bom escritor. Precisamos contratar seus outros livros." Escrevemos ao agente literário de Zweig, propondo-lhe a compra de toda a obra desse autor, com exclusividade para a língua portuguesa. Chegamos tarde. Apenas uma semana antes outro editor brasileiro, que tivera a mesma ideia, havia obtido o contrato.

Isso me traz à mente outra estória. Pedimos a Athos Damasceno Ferreira que nos traduzisse o famoso *Platero y yo*, joia da literatura mundial, de autoria do poeta espanhol Ramón Jiménez. Athos fez uma versão primorosa. O livro apareceu em nossa língua numa bela edição. As vendas, porém, foram um desastre através de vários anos. Aconteceu, porém, que Jiménez foi agraciado com o Prêmio Nobel de Literatura e, como era natural, se fez em torno de seu nome grande ruído. Os exemplares de *Platero e eu* voaram das prateleiras das livrarias e do depósito onde costumam dormir as obras condenadas da Globo, à espera da hora de serem vendidas às fábricas de papel, a peso... E novas edições desse grande, terno poema em prosa foram feitas e consumidas pelo público...

XXIV

Um dia Henrique resolveu lançar uma revista-livro que publicasse, completas em cada número, obras de ficção, além de contos e anedotas ilustradas — tudo por um preço muito mais baixo que o de um livro ordinário. A publicação recebeu o nome de *A Novela* e começou a aparecer sob a minha própria direção. A ideia era em princípio boa. Publicaram-se vários números, com capas em tricromia. O livro principal de cada número era em geral um romance de aventuras, mas eu procurava ir dando sempre ao público literatura de melhor qualidade, na forma de contos e noveletas. Lembro-me de que, numa das edições de *A Novela*, cheguei a publicar *O sorriso de Gioconda*, de Aldous Huxley, numa tradução que eu próprio fiz. No número cinco, para contrabalançar o romance principal (*O crime do hospital*, de Mignon Eberhart), lá estava *Etapas da loucura*, de Dostoiévski, que tornou a aparecer em *A Novela*, dessa segunda vez com *O coração fraco*. Anton Tchékhov, esse era nosso "colaborador efetivo"... Francis Jammes, que eu lera com delícia em Cruz Alta (e talvez o seu *Clara d'Ellebeuse* seja remotamente responsável pelo estado de espírito com que escrevi *Clarissa*), o velho Francis apareceu também em *A Novela* com *O romance de Laura*. A própria Katherine Mansfield não me pareceu julgar-se diminuída por colaborar (com *Seis pence*) no número de nossa nova revista, cuja história principal — quero dizer, estória maior, engodo para o público — era dessa feita o *Chinês misterioso*, de J. S. Fletcher. Outros autores de boa categoria que "colaboraram" em *A Novela*? Somerset Maugham (com *O ruivo* e *Honolulu*), Giovanni Papini com *Sempre bela* e Joseph Conrad com *Falk*. Huxley tornaria a prestigiar *A Novela* com a sua *História de irmã Agatha*, e Oscar Wilde contribuiu com o seu *O telegrama*. Até G. K. Chesterton se viu envolvido na companhia de Edgar Wallace e Agatha Christie com o seu conto (também policial) *Os passos misteriosos*.

Eu fazia *A Novela*. Henrique enfrentava o Chefão, que via com olhos céticos (e como tinha razão!) a nossa nova aventura.

A Novela durou quinze números, quinze meses. "Morreu como um passarinho" — expressão também do uso de minha avó materna.

XXV

E por falar em avó, aqui vai outra estória da qual fui testemunha ocular e auricular. A mãe de minha mãe, dona Maurícia — pele de marfim, zigomas salientes *traindo sangue índio* —, era uma dama de grandes virtudes. Econômica ao extremo, quase a ponto de parecer somítica — tivera uma infância e uma mocidade difíceis por pobres e duras —, um dia mandou atirar na sarjeta, à frente de sua pequena casa, em Cruz Alta, um monte de velhos chifres de bois já cariados, que estavam amontoados no fundo de seu quintal. O lixo ali ficou na intempérie, durante dias e dias. Em certa manhã parou à frente da casa da velha uma carroça de colono, cheia de achas duma bela lenha. Era inverno, o céu estava dum azul lavado, e um ventinho frio soprava das bandas do Cadeado. Vendo a carroça e examinando a sua carga, minha avó atirou um xale sobre os ombros, desceu para a calçada, se dirigiu ao corado colono italiano que estava à boleia e arriscou: "Escuite, moço". — E dona Maurícia apontou para os chifres, na sarjeta. "— Quer trocar estes chifres por essa lenha?" O colono limitou-se a rir e a mostrar um dente de ouro, que refulgiu ao sol. A proposta era tão absurda que o gringo nem sequer se deu ao trabalho de responder.

    Narrei esse fato, que aparentemente nada tem a ver com a Editora Globo, pela simples razão... de que ele tem, e muito. Contei um dia esse causo a Henrique Bertaso, que se divertiu com a "proposta comercial" de minha avó. O tempo passou. A escritora americana Pearl Buck recebeu em 1938 o Prêmio Nobel de Literatura por causa principalmente de seu notável romance *The Good Earth*. "E se lançássemos em português esse livro?" — sugeri um dia. — Henrique achou boa a ideia mas objetou:

    — Mais um contrato? Já empregamos uma pequena fortuna em adiantamentos sobre comissões a autores de livros que não pudemos ainda lançar...

— Tenho uma solução — respondi.
— Qual é?
— Vamos aplicar "o golpe da dona Maurícia" na Pearl Buck. Tentaremos fazê-la aceitar uns chifres velhos em troca de sua "lenha".
Expliquei o plano. Eu escreveria uma carta a Pearl Buck, contando-lhe de nossa condição de editores pequenos, perdidos numa remota província dum remoto país chamado Brasil. Não quereria ela contribuir para que os leitores brasileiros — tão poucos ainda! — pudessem ler na sua própria língua o maravilhoso *The Good Earth?* O mais que podíamos oferecer-lhe era cinquenta dólares... pelos direitos autorais definitivos, isto é, por toda aquela carroçada de lenha...
— Será que pega?
— Não custa nada tentar...
— Toca pra frente!
Mandei a carta. Umas quatro semanas mais tarde tínhamos a resposta. O golpe de dona Maurícia tinha dado resultado positivo. Eram nossos os direitos definitivos de *The Good Earth*, por apenas cinquenta dólares! O livro foi publicado no ano seguinte sob o título de *China, velha China*.
Em princípios de 1941, durante a minha visita aos Estados Unidos, tive o prazer de tomar um chá e conversar longamente com Pearl Buck num daqueles muitos clubes femininos de Nova Iorque. Contei-lhe a estória do "golpe de dona Maurícia". A escritora soltou uma bela risada. E eu lhe fiz uma promessa: a de lhe devolver, a partir daquele momento, os direitos autorais de língua portuguesa sobre *The Good Earth* e a pagar-lhe dali por diante os 10% habituais. Henrique Bertaso aprovou a minha promessa e cumpriu-a.
E por falar em direitos autorais, aqui vai mais uma estória, dentro desse tópico. Em uma das muitas viagens que fiz subsequentemente aos Estados Unidos tive a oportunidade de visitar em seu escritório, na 5ª Avenida, em Nova Iorque, o sr. Jacques Chambrun, agente literário de W. Somerset Maugham. Era afável, mo-

reno, de tipo latino (pai francês), olhos azuis. Não sei bem por que senti nele algo de falso, uma atmosfera equívoca, mas preferi achar que estava enganado. Contei-lhe que a Globo tencionava publicar uma coleção das obras de mestre Maugham, mas que gostaríamos de consultar o Velho sobre o tipo de encadernação com que deviam aparecer. Mr. Chambrun fez um gesto rápido e brusco: "Não! Não consultem Mr. Maugham. Ele está idoso demais e detesta tratar desses assuntos. Posso falar em nome dele. Tenho confiança na Globo. O que vocês fizerem está bem-feito". Despedimo-nos. A coleção nunca "se materializou", se me permitem o anglicismo. Passados, porém, alguns anos, W. Somerset Maugham concedeu em sua Vila Mourisca de Cap Ferrat, na Riviera francesa, uma entrevista a um jornalista brasileiro, na qual se mostrou surpreso ao saber que seus livros eram traduzidos no Brasil, pois ele *jamais havia recebido um centavo sequer de direitos autorais brasileiros.* A entrevista foi publicada num jornal do Rio e chegou ao nosso conhecimento. Que fazer? Sugeri que déssemos entrevistas aos principais diários do Brasil, explicando o equívoco e exibindo fotografias dos recibos dos dólares que todos os anos costumávamos enviar, invariavelmente, ao sr. Jacques Chambrun.

De todos nós Henrique Bertaso foi o que menos se indignou com a estória. Conservou a cabeça fria. Limitou-se a escrever uma carta a Mr. Maugham, mandando-lhe cópias fotostáticas de todos os recibos, num total de cerca de 32 mil dólares. A resposta do autor veio rápida. Agradecia à sua editora brasileira pela explicação e comunicava que já havia tomado providências para reaver o dinheiro do qual Mr. Chambrun indebitamente se apropriara. Mais tarde ficamos sabendo que Mr. Maugham declarara estar "velho demais para meter-se em processos judiciais" e assim preferia aceitar a proposta que lhe fazia o mau agente, que era a de reembolsar-lhe os 32 mil dólares em pagamentos mensais de quinhentos dólares. Maugham faleceu com 92 anos. Não creio que tenha visto o débito de Chambrun completamente liquidado.

Não acredito também que o ato desonesto de Mr. Chambrun o tenha decepcionado. Quem lê seus contos e romances sabe muito bem que William Somerset Maugham não tinha lá em muito alta conta "o bicho homem".

```
                VILLA MAURESQUE,
              ST. JEAN · CAP FERRAT.
                      A.M.


                              3rd April, 1959.

Dear Mr. d'Avila Bertaso,

        I am enclosing the copy of a
   letter I have recently received from
   my lawyers. You will gather from it
   that Chambrun has admitted his dis-
   honesty. It would be inconvenient for
   me at my advanced age and indifferent
   state of health to go to America in
   order to prosecute Chambrun, and so I
   have decided to accept the offer made
   me. He has already paid in to my bank
   the sum of five thousand dollars, and
   it remains to be seen if he will pay
   the two hundred dollars a month he has
   promised to pay.

        Thank you for sending me the neat
   little booklet you have prepared. I am
   hoping that now everything is clear,
   the readers of Brazil will not hold it
   against me that I told interviewers
   what had happened. I am, in fact, very
   glad to know by the account you sent
   me that my books have been so widely
   read in your country.

                 Yours sincerely,
                 W. Somerset Maugham
```

Uma das cartas de W. Somerset Maugham sobre o caso Chambrun

XXVI

Decidimos um dia resgatar do olvido o homem que era, sem nenhum favor, um dos maiores contistas regionais do Brasil. Quem teria os direitos autorais sobre as estórias de J. Simões Lopes Neto? Descobrimos que a já extinta Livraria Echenique, de Pelotas, os havia comprado da viúva do escritor em caráter definitivo por uma quantia mínima e que agora estava disposta a transferi-los para a Editora Globo pela importância de setecentos mil réis! Fizemos a transação, decididos que estávamos a lançar os *Contos gauchescos e Lendas do Sul* numa edição crítica. "Cantado", creio, por Maurício Rosenblatt, mestre Aurélio Buarque de Hollanda Ferreira, eminente filólogo, aceitou a incumbência de fazer um prefácio crítico, notas e um glossário para essa obra, que foi oportunamente lançada em todo o Brasil. Mais tarde Carlos Reverbel, jornalista e historiador, e também um "especialista" em Simões Lopes Neto, catou em velhos jornais e revistas uma série de pequenas estórias que a Globo editou sob o título de *Os casos do Romualdo*. E assim um grande escritor *in natura* foi revelado ao Brasil.

Henrique Bertaso teve então um belo gesto. Devolveu à viúva de Simões Lopes Neto os direitos autorais sobre essa edição da obra de seu ilustre marido.

XXVII

Já que estamos em maré de estórias, aqui vai mais outra. Entre as muitas figuras que passaram pela Editora Globo, na qualidade de funcionários efetivos ou de colaboradores eventuais, houve uma da qual guardo a mais viva das lembranças. Era um professor alemão (chamemos-lhe prof. S.), atarracado, com algo que lembrava um tapir, rosto rubicundo e uma voz inesquecível que mais parecia um enfático crepitar de palha. Apesar de sessentão (ou o Tempo estará aqui a colher-me em mais um *trompe l'œil?*), tinha uma energia ciclópica e sua capacidade de trabalho era descomunal. Sentava-se à sua mesinha de trabalho, encurvava-se sobre o papel, e, de caneta em punho, ia fazendo uma gramática inglesa. Era um homem cordial e alegre. Sabia muitas coisas e dava a impressão de que era capaz de levar a cabo qualquer trabalho, dentro de sua especialidade, sem necessitar de livros de referência e consulta. Um dia eu disse a Henrique Bertaso:

— Esse prof. S. é uma espécie de Houdini da cultura.
— Como assim?
— Ponham o homem completamente nu dentro duma sala completamente nua. Deem-lhe apenas uma caneta, um tinteiro e papel. Amarrem-lhe as mãos e os pés e vendem os olhos do Herr Professor e digam-lhe: "Queremos toda a letra A dum dicionário alemão-brasileiro em oito horas!" Fechem a porta da sala... e aposto como o nosso professor fará o trabalho dentro do prazo marcado.

— Mas com mãos e pés amarrados? Como é que ele vai segurar a pena? Com a boca?

— Esqueci de dizer que ele estará também amordaçado...
— Mas onde é então que ele vai meter a caneta?
— Pensa bem, Henrique, e descobrirás. O homem é um mago.

Meu amigo ficou um instante pensativo e depois, compreendendo a piada, rompeu numa gargalhada.

XXVIII

Sim, Henrique Bertaso é o melhor "auditório" que conheço para anedotas e estórias, picarescas ou não, embora ele próprio não costume contá-las. Durante os muitos anos em que trabalhamos juntos, em gabinetes contíguos, de vez em quando eu deixava o meu e ia contar-lhe um caso, para "amenizar" as durezas e canseiras do dia. Eu podia contar sempre com uma risada. Quando a anedota era da vida real e envolvia pessoas conhecidas, a primeira reação de Henrique se traduzia numa frase muito sua, que lhe saía automaticamente: "Não pode ser!"

Nesse particular, Henrique era e é diferente de José, seu irmão pouco mais moço que ele, curiosa personalidade de quem ainda não falei. (Existia ainda outro irmão, Paulo, o mais moço de todos, excelente pessoa. Entretanto, meu convívio com ele foi praticamente nulo, pois Paulo girava, por assim dizer, numa órbita diferente da nossa.) José Bertaso Filho, ex-aluno do Colégio Militar de Porto Alegre, onde era conhecido como "o 109", cuidava de outros setores da Livraria do Globo, e nossos encontros eram raros e nossas relações durante sete anos foram cordiais mas superficiais. Em 1938, estando José e sua encantadora companheira, Ady, numa estação de águas em Minas Gerais, mandei-lhes com uma dedicatória o meu livro *Olhai os lírios do campo*. José leu-o e, apesar disso, ao voltar tornou-se meu amigo. Daí por diante nossas relações se fizeram mais estreitas ou, pelo menos, não tão distantes. O "não pode ser" de Henrique não é uma frase do repertório de José, homem de inteligência viva e espírito realista. Dotado duma malícia que nunca se transforma em maldade, está sempre pronto a acreditar em tudo que de bom ou de mau lhe contam do gênero humano. Olha o mundo com um sorriso cético mas não amargo. Eis por que os dois irmãos se completavam tão bem, balançando-se numa gangorra, num sobe e desce necessário ao equilíbrio da Casa cuja direção certo dia, em 1948, caiu de súbito sobre os ombros de ambos.

José Bertaso pai faleceu por ocasião de uma das suas visitas ao Rio de Janeiro, em 1948. Nem sequer tentarei descrever aqui o que a perda dessa figura patriarcal representou para seus familiares, seus amigos e para a Casa dum modo geral. Era um homem respeitado, admirado e querido. Tinha construído o seu "império" naquela livraria, que era o seu segundo lar. Criatura simples e bondosa, seu temperamento explosivo às vezes dava dele uma ideia errada. José Bertaso, repito, nunca fora homem de ódios. Fanático do trabalho, era um inimigo do erro, da incapacidade e da indolência. Possuía uma inteligência natural, instintiva, a par dum prodigioso tino comercial e duma enorme capacidade de perseverança. Trabalhava como quem pratica um esporte, como quem se abandona a um fascinante jogo. Não era a ambição que o movia, mas uma espécie de "bicho carpinteiro" interior que não lhe permitia ficar parado. Intrigava-me o vê-lo sem casaco, mas sempre de colete e gravata, descer de seu escritório no terceiro andar da Casa e percorrer quase uma quadra inteira para ir até à oficina tipográfica reclamar contra um erro ou apressar um trabalho. Por que fazia isso, se era mais fácil chamar ao seu escritório o chefe da oficina? Não me foi difícil descobrir o segredo dessa prática. Ele não só aproveitava essas caminhadas para desentorpecer as pernas, como também para passar por várias seções da Casa e ver como iam as coisas, como se estavam portando os empregados. Não diziam os velhos gaúchos que o olho do dono engorda o boi?

José Bertaso era o homem dos "riscos calculados". Em matéria de coragem, obstinação e esperança era uma espécie de Winston Churchill, figura com a qual tinha até certa parecença física. Não ignorava que o sucesso em qualquer setor da vida muitas vezes exige nosso sangue, nosso amor e nossas lágrimas. Como o meu avô tropeiro, o velho Aníbal Lopes da Silva, tinha ele um certo desprezo pelos vadios e os incompetentes. Era um criador de tarefas. Espírito aberto para as invenções, foi dos primeiros em Porto Alegre a comprar automóvel e mais tarde Frigidaire. Contra a opinião de seus sócios, instalou uma seção litográfica na Livraria do Globo.

Minhas relações com esse homem excepcional foram bastante curiosas. A princípio, quando eu não o conhecia bem, minha tendência era de ver nele o burguesão egoísta preocupado sempre com o lucro. Com o passar do tempo, porém, pude ver o que havia por trás daquela aparência e daquelas palavras com que ele castigava os indolentes e repreendia os que "erravam".

Depois que meus livros começaram a vender-se, ele passou — pareceu-me — a me olhar de maneira diferente, não porque eu era agora um autor que dava lucro à Editora, mas porque a imagem que ele tinha de mim, a do intelectual boêmio, incapaz de trabalho perseverante, se havia apagado em seu espírito. Ele via como eu "dava duro" durante horas no expediente da Editora, e trabalhava ainda à noite em casa na tradução de livros.

Numa reunião social e íntima, certo dia, ele me olhou e disse:
— Seu Erico, me diga uma coisa. Nós, editores, empregamos num livro um certo capital em dinheiro e trabalho. Se o livro não se vende, temos um prejuízo total. Vocês, escritores, ganham dez por cento mas não arriscam um vintém no negócio.
— Seu Bertaso — respondi —, o seu ideal é irrealizável.
— Que ideal?
— O livro sem autor.

Ele desatou a rir. E a conversa tomou outro rumo.

Esse homem agora estava morto. Parecia sentir-se no ar uma ideia que se podia traduzir nas seguintes palavras: "Sem o Velho, a Livraria vai à gaita. É muita responsabilidade para os Bertasinhos".

O tempo, porém, provou o contrário. E neste ano de 1972 a Livraria do Globo S. A. é das empresas mais prósperas e sólidas não só do Rio Grande do Sul como também do Brasil. (Falo em solidez econômica, não em tamanho.) Os irmãos Bertaso seguem um lema que não está escrito em nenhum brasão: "Para a frente, mas pisando terreno firme".

Nessa tarefa de dirigir a Livraria após a morte do Velho, os irmãos Bertaso contaram com a colaboração e o conselho de seu cunhado, o dr. João Pio de Almeida — outro homem que, em virtude de minhas timidezes e precauções de serrano, levei alguns anos para conhecer direito. João Pio havia sido, em tempos idos, o mais jovem dos secretários de estado no governo de Borges de Medeiros. Era um homem sereno, de voz mansa e maneiras fidalgas. Se vaidades tinha, sabia escondê-las muito bem. Tempo houve em que éramos quase sósias: ambos morenos, um pouco grisalhos, com sobrancelhas negras e grossas. Muitas vezes, pessoas que eu não conhecia me saudavam de longe na rua e perguntavam como iam os meus netos, isso num tempo em que eu ainda não os tinha. E João Pio me contou de uma feita, sorrindo, que uma moça o atacara na rua para dizer-lhe que gostara muito de "seu" *Olhai os lírios do campo*.

Hoje a Livraria do Globo abre seu capital. Uma nova etapa começa na vida da firma. Bom, mas não estou escrevendo esta crônica para fazer propaganda da Globo. Fui me desligando dela aos poucos. Mesmo quando ainda tinha escritório na sua sede, em princípios da década de 40, eu já dividia meu tempo em partes iguais entre a Editora e a minha própria literatura.

Escrevi o primeiro volume de *O tempo e o vento* no meu gabinete da Editora, com uma única janela sem paisagem que dava para os fundos do tradicional "restaurante da dona Maria", cuja cozinha despejava todos os seus cheiros, tanto os bons como os maus, naquele cubículo onde um homem procurava criar o seu mundo de "faz de conta".

Quando a seção editorial ganhou a sua maioridade, deixando de buscar proteção debaixo das saias maternas (1956), eu, que voltara duma estada de três anos e meio em Washington, onde exerci as funções de diretor do Departamento de Assuntos Culturais da Organização dos Estados Americanos, estava praticamente desligado da Editora, tecnicamente pelo menos, se não sentimentalmente. De quando em quando era consultado sobre um livro a traduzir, o desenho para uma capa etc. E a minha amizade pelos Bertaso continuava inalterada.

Henrique, esse permanecia em seu posto. O tempo que passava sobre ele — inclusive aqueles duros anos que se seguiram à morte do pai — não parecia ter-lhe deixado nenhuma funda marca no rosto. Lá estava ele com a mesma cara juvenil, o mesmo entusiasmo dos vinte anos, o mesmo amor à Casa. A separação da Editora fora também técnica, de natureza contabilística, porque a "menina" continuava a habitar a mansão materna.

XXIX

De vez em quando ambos recordamos os dias difíceis, que não foram poucos nem agradáveis. Refiro-me a dificuldades que não vinham de qualquer problema literário ou editorial, mas da situação política do Brasil e do mundo.

Tínhamos vivido todos aqueles anos, de 1930 a 1945, dentro da chamada Era Getuliana, que coincidira com um dos períodos mais negros da História da Humanidade, isto é, o do nazismo, que levara o mundo, com a cumplicidade direta ou indireta de nações chamadas democráticas, à sangria da Segunda Grande Guerra.

Mais, muito mais afortunados que os europeus que sofreram o hitlerismo e o fascismo na própria carne — massacrados, bombardeados, sofrendo atrocidades indescritíveis —, nós sentíamos aqueles acontecimentos apenas no espírito, de maneira atenuada, e através dos telegramas das agências de notícias. Tínhamos, porém, os problemas nacionais que nos tocavam muito de perto. O Departamento de Imprensa e Propaganda nos bafejava ameaçadoramente a nuca. A sombra dos seus censores se projetava sobre nossos espíritos, nossas casas e nossos gabinetes de trabalho. Momento houve em que me pareceu que o Brasil tomava o lado do Eixo e os integralistas iam empolgar o poder na figura de seu líder, Plínio

Salgado — o homem cujo romance *O estrangeiro* eu lera com tanto entusiasmo nos meus tempos de boticário.

Nos dias de maior depressão ante uma negra notícia confirmada ou um simples boato (vivíamos sob o signo dos "golpes" no Brasil), eu costumava entrar no escritório de Henrique, atirar-me numa cadeira e ali ficar, soturno, cenho cerrado, em agourento silêncio. Meu amigo continuava a trabalhar, inclinado sobre a sua mesa.

— A coisa está preta, Henrique — dizia-lhe eu. — A gente perde até a vontade de trabalhar... Pra que, se o mundo parece que vai acabar?

Henrique discutia a situação e concluía sempre com estas palavras:

— Como diz o Antonio Dias, não há de ser nada. Vamos tocar pra frente!

E tocávamos. Às vezes à tarde íamos à leiteria da Granja Carola, na Galeria Chaves, para tomar um chá ou comer uma coalhada. Duma feita um fotógrafo ambulante nos fotografou enquanto caminhávamos lado a lado na calçada da Rua da Praia. Essa fotografia, que para nós é histórica, nos mostra a ambos com as caras sombrias — a de Henrique um pouco menos que a minha. As mãos às costas, o cenho cerrado, a boca arqueada com as comissuras dos lábios para baixo numa impressão de profunda depressão moral e física. Lá ia o homem que no momento escrevia *Saga*. Nossa tristeza tinha uma explicação. Naquele dia nos chegara a notícia de que a França havia capitulado aos nazistas. (Curioso, ontem procurei essa fotografia, que Henrique mandou emoldurar e pendurar na parede do escritório comercial da Editora. Encontrei-a e verifiquei que a umidade havia obliterado por completo, por trás duma feia mancha, a minha cara. A de Henrique estava "em bom estado", e só agora eu via que a memória me havia pregado outra peça. Não havia nenhum sinal de tristeza naquela fisionomia de líder sem teatralidade, de guerreiro que luta em surdina e jamais comemora as suas vitórias com fanfarras.)

Como é natural, durante todos aqueles vinte anos em que ambos trabalhamos juntos, a Editora fora alvo de muitos ataques que, frequentemente, nos atingiam pessoalmente, a Henrique como diretor da publicadora e a mim como seu conselheiro. Igualmente alvejados tanto por homens da Esquerda como da Direita, não éramos, entretanto, poupados pelo Centro. Estávamos sempre entre fogos cruzados.

Dizia-se que a Globo era um foco de comunistas. (Sempre pairou sobre minha cabeça essa suspeita.) Os extremistas da Esquerda apontavam a Editora como uma firma "a serviço de Wall Street", da qual eu era um dos lacaios. Outros sugeriam que recebíamos o lendário "ouro de Moscou".

Um dia um cavalheiro muito acatado em nosso meio social segredou ao ouvido do velho Bertaso — e isso foi lá por 1935 — que a "Livraria estava em cima dum vulcão prestes '(sem trocadilho)' a vomitar fogo e lava". E que entre nossos tradutores havia comunistas confessos e até um homem que lutara na Espanha "do lado dos republicanos". Livros nossos havia que revelavam nítidas tendências bolchevistas. Era preciso tomar medidas drásticas.

O velho José Bertaso, homem de bom senso, não lhe deu ouvidos. Confiava no filho. Tudo seguiu como antes. O vulcão jamais entrou em erupção.

Escritores nossos amigos costumavam visitar o escritório de Henrique Bertaso — Moysés Vellinho, Darcy Azambuja, Athos Damasceno Ferreira, Reynaldo Moura, Vidal de Oliveira e Guilhermino Cesar, este último um mineiro de sólida formação humanista e que conhece o Rio Grande do Sul como poucos gaúchos. Éramos todos aliadófilos e estávamos cheios de esperanças de vitória. Em 1940, porém, muitos deles consideravam a Europa liquidada sob o domínio de Hitler. No ano seguinte os nazistas invadiam a Rússia, e nas primeiras duas semanas tivemos a impressão de que em menos dum mês o exército alemão estaria em Moscou, Stalin morto ou refugiado em algum recanto remoto da Sibéria (para onde havia mandado em exílio e trabalhos forçados tantos milhares de compatriotas que ousavam discordar dele). Mesmo nos piores momentos da Guerra, Athos Damasceno Ferreira continuou a engendrar seus epigramas e a nos fazer rir com suas piadas inteligentes — o que não deixava de ser uma forma de mostrar coragem e esperança. Moysés Vellinho, sem perder a linha, comentava lucidamente a situação e confiava na Inglaterra, sob o comando de Winston Churchill, e esperava a entrada dos Estados Unidos no conflito. Darcy Azambuja, homem discreto, de pouca conversa, fazia suas reflexões lógicas e provavelmente rezava, acendia velas e fazia promessas para o Negrinho do Pastoreio em prol da vitória da Democracia. Ernani Fornari e Augusto Meyer tinham transferido residência para o Rio de Janeiro depois de 1935. O poeta Paulo Corrêa Lopes, excelente pessoa, poeta de esquisita sensibilidade — esse continuava entre nós corporalmente, mas em espírito habitava um mundo ideal, mais preocupado com o Eterno do que com o Efêmero. Quanto a Mario Quintana, de quem a Editora publicara três magníficos livros de versos, esse trabalhava em suas traduções, aparecia de raro em raro em nossos gabinetes, com aquele seu jeito de Anjo Malaquias. Um dia em que eu lamentava em voz alta a queda da capital da França, ele ficou com os olhos postos em parte nenhuma e depois murmurou: "Mas ninguém pode conquistar Paris. Paris não é uma cidade e sim um estado de espírito". Manoelito de Ornellas, em suas raras visitas à Editora, invectivava as hordas hitleristas e fazia sua profissão de fé na França, na eterna França de sua paixão literária. (Porque a não literária, a paixão da carne e do coração, ele a dedicava à Península Ibérica.) Reynaldo Moura, enamorado das palavras, apaixonado da cultura francesa, esse entrava em nossos gabinetes com seus passos inaudíveis de gato e ficava pelos cantos, arisco, falando pouco, sorrindo aquele seu sorriso em que se misturavam uma suave ironia com a cábula de estar vivo e de ser obrigado a fazer todas as coisas — palavras e gestos — que os outros esperam da gente. "Pois é, poeta" — murmurava ele —, "é difícil a gente imaginar a França, a nossa França, caída desse jeito..."

Henrique em geral continuava de cabeça baixa, trabalhando. Lá ficava ele fazendo cálculos de custo, tratando de seus dicionários e manuais técnicos. Não acreditava no Apocalipse Segundo São Verissimo. O mundo não ia acabar. Quem tinha razão era o velho Antonio Dias.

— Não há de ser nada, amigo Erico. Vamos tocar pra frente!

E eu tocava. Terminei *Saga*. Péssimo livro, espelho de minha confusão daqueles dias em que o governo brasileiro namorava o nazi-fascismo, a Argentina servia o hitlerismo e nós, escritores, quando pensávamos numa rota de fuga para o estrangeiro, só enxergávamos uma luz de esperança: os Estados Unidos, na figura de Franklin Delano Roosevelt.

Enfarado do Brasil, do Estado Novo, do DIP, aceitei um convite do Departamento de Estado para dar um curso de literatura brasileira numa universidade da minha escolha. Preferi a da Califórnia, para onde me toquei com a tribo — minha brava companheira e nossos dois filhos, Clarissa e Luis Fernando. (Luis Fernando, lá chegado, ficou sendo analfabeto em duas línguas, português e inglês. Foi alfabetizado neste último idioma, numa escola pública. Daí por diante, adolescência e mocidade adentro, ficou sendo um homem voltado para a cultura anglo-saxônica. Ponho aqui esta nota em 1972 porque meu filho é hoje um escritor profissional. Surpreendo-me ao vê-lo escrever tão bem em português com tão poucas leituras na nossa própria língua.)

XXX

Em 1958 chegou a minha vez de conhecer a Europa. Clarissa estava vivendo nos Estados Unidos, casada com um americano. Com a tribo desfalcada, passeei por vários países europeus.

Em 1961, de volta a Porto Alegre, sofri um enfarte maciço que quase me matou. Salvou-me a vida a competência e a dedicação de um grande cardiologista, o dr. Eduardo Faraco, ajudado por uma maravilhosa equipe de jovens médicos, na sua maioria formados sob a sua orientação. (Uma estação de rádio local chegou a proclamar a minha morte; felizmente não dei crédito à notícia.) Cito esse fato para preparar o terreno para uma pequena estória em que entra meu amigo Bertaso. Quando o perigo maior passou, o dr. Faraco permitiu que alguns de meus amigos íntimos me fizessem uma visita de meio minuto. Henrique entrou no meu quarto na ponta dos pés e aproximou-se da cama. Fiz uma pequena cena de teatro. Revirei os olhos como quem está agonizante e balbuciei: "Henrique, vou te fazer um último pedido". Percebi que ele engolia em seco, enquanto esperava a minha próxima sentença: "Quero que no meu próximo romance me pagues vinte por cento em vez de dez". Ele desatou a rir, mas brilhavam lágrimas em seus olhos.

XXXI

Comecei esta crônica com a intenção de pintar um retrato a traços largos de um homem que admiro e prezo e acabei revelando apenas a sua superfície, isto é, os seus atos. Ora, André Malraux, que, além de ser um intelectual de primeira água, é um homem de ação, parece ter a ideia de que *o homem é aquilo que ele faz*. Terá razão? Creio que sim. Em geral as criaturas humanas pensam que são o que dizem ou escrevem. Ora, em muitos casos a linguagem não passa dum manto por trás do qual as pessoas se ocultam. Ou uma fantasia graças à qual elas assumem o aspecto dum herói da História e da Literatura que gostariam de imitar.

Como é Henrique Bertaso? Fisicamente um retrato poderá dizê-lo melhor do que eu, de maneira mais completa. Não é alto. Nem atlético. Em geral os que hoje o veem pela primeira vez lhe dão 50 anos... e creio que ele os aceita... Tem uma voz macia. Fala com calma. Não é homem de rompantes. Nem de rancores. Tem senso de humor. É extremamente sensível, sim, e sentimental. (Há em geral um curioso medo — principalmente entre escritores e artistas — de serem considerados sentimentais. Todos querem, uns mais, outros menos, ser o Super-homem de Nietzsche, o duro, o macho. Na minha opinião, se a pieguice é ridícula, o medo do sentimentalismo oferece os mais sérios perigos...)

Devo a Henrique Bertaso o ter-se disposto a correr o risco dum prejuízo publicando o primeiro livro do escritor desconhecido que eu era, e, mais tarde, continuar editando os meus outros romances, de venda precária, permitindo-me assim lançar as bases duma carreira literária.

Trabalhamos durante quarenta anos — nos primeiros vinte lado a lado, dia a dia, e nos restantes vinte separados periodicamente por minhas longas ausências do Brasil. O que importa mesmo lembrar e enfatizar é que durante todos esses anos, apesar de nossas discordâncias ideológicas, nunca tivemos nenhuma rusga, nenhuma discussão amarga. Respeitamo-nos mutuamente. Estava claro que não fugíamos a um exame franco de nosso comportamento político ou apolítico. E ambos não raro fazíamos as nossas autocríticas. Agora, olhando para trás por sobre todos esses anos de convívio, só avultam nítidos para mim, nessa paisagem da memória, os acontecimentos agradáveis. Lembro-me mais de nossas conversas não profissionais, dos momentos em que comentávamos com bom humor a Comédia Humana — não a de Balzac, mas a do outro Autor — e podíamos sorrir com condescendência ou soltar uma boa risada. Hoje nos rimos ainda, mais e melhor, de nossas dificuldades pessoais passadas, da magreza de nossa renda, dos fantasmas do fim do mês... Temos também capacidade de rir de nossos ridículos e de nossos erros e ilusões. Com que facilidade éramos ludibriados! Quantos "tampinhas" — para usar duma gíria antiga — conseguiram nos enganar a ambos? Incontáveis. (Raramente ou nunca, porém, enganavam o José Bertaso Fº — diga-se isso a favor dele.) Quantos impostores da literatura passaram pelos nossos gabinetes contando proezas intelectuais que eram em geral apenas um prelúdio para nos impingirem os originais dum livro inédito. Quanto dinheiro perdemos — mesmo nos tempos das vacas magras — fazendo empréstimos pessoais a pedintes que nunca nos pagavam e ainda por cima ficavam nossos inimigos? E os nossos projetos grandiosos nunca realizados? Sim, e aquela interminável fila de pessoas — principalmente mulheres — que iam ao meu gabinete confiar-me seus problemas íntimos, como se eu fosse um analista, neuróticos "de todos os pelos", paranoicos, maníacos depressivos, esquizofrênicos... Mulheres que haviam cessado de amar os maridos (e ainda não sabiam disso), ou então criaturas que aspiravam a uma carreira literária e queriam saltar do anonimato para a fama, imaginando que para isso lhes bastava ter um livro publicado, e não querendo saber que a publicação do livro dum desconhecido envolvia um risco financeiro para os seus editores...

Duma feita tive durante duas sólidas horas no meu escritório uma senhora que despejou em cima de mim, torrencialmente, seus problemas sentimentais, domésticos e todas as suas frustrações... Ao despedir-se de mim, aliviada, feliz, sorridente, exclamou: "Muito, muito obrigada! Que Deus o abençoe! O senhor me salvou do suicídio". Olhei para ela perplexo. Eu não havia pronunciado uma palavra sequer. O que aquela pobre criatura precisava era de alguém que a escutasse com paciência, sacudindo de quando em quando a cabeça.

Durante muitos anos Henrique Bertaso olhou de longe esse desfile, elogiando a minha "paciência". E ao cabo de certos dias em que o meu expediente de "médico do espírito" fora demasiadamente pesado, eu costumava entrar no gabinete de meu amigo, atirava o corpo cansado numa poltrona e contava (sem mencionar nomes) alguns dos casos de meus "clientes", e depois concluía: "Eles pensam que, como romancista, conheço profundamente a alma humana e tenho em minhas mãos a chave da felicidade e nas minhas palavras o poder de resolver todos os problemas do espírito e do corpo. E no entanto sou analfabeto de pai e mãe nesses assuntos. Só sei (e assim mesmo, olhe lá!) lidar com personagens de romance. Ficção é uma coisa. Vida é outra. Wilde não tinha muita razão quando dizia que a Vida imita a Arte. Melhor seria dizer que por mais que o escritor se esforce ele jamais conseguirá inventar estórias tão ou mais mirabolantes que as da Vida, nem mesmo desfazer as 'maçarocas de seus fios'".

Em virtude de minha confiança pessoal em Henrique Bertaso, muito estranhas foram sempre minhas relações comerciais com a Editora Globo. Quarenta anos depois que publiquei *Fantoches*, uma editora portuguesa que me propunha fazer de *Clarissa*, para a venda em Portugal e colônias, uma tiragem incrível (100 mil exemplares), exigiu que a Globo lhe mostrasse o contrato original que coassinara comigo. Mas que contrato? Nunca, mas nunca mesmo, assinei qualquer contrato com a Globo. E tinha já mais de vinte e quatro livros publicados! Tudo era feito "no papo". Nunca me passou pela cabeça a ideia de controlar tiragens. Creio que jamais perguntei ao Henrique se tal ou tal livro meu recém-aparecido estava se vendendo bem ou não. Devo explicar que tive sempre um comportamento um tanto neurótico com relação ao tratamento do dinheiro. (Descobri hoje em dia que ter pudor de discutir dinheiro é uma prova não de desprezo, mas de exagerado apreço pelo "vil metal".) Não examino nunca os extratos de conta corrente que a Editora me envia mensalmente. Só me importa saber se meu saldo é credor...

Tenho boas razões para crer que essa situação entre editor e editado é *sui generis* em qualquer país. Em geral o editor e o escritor permanecem em relações como de cão e gato, talvez mais para continuar uma tradição de natureza folclórica do que por qualquer outra razão.

XXXII

Henrique Bertaso e eu temos pouco mais de um ano de diferença de idade. Ele nasceu em setembro de 1906 e eu em dezembro de 1905. (O bandido, entretanto, parece ser pelo menos dez anos mais moço que eu.)

Henrique foi aos poucos iniciando seu filho mais velho, José Otávio, nas artes e ofícios editoriais. Hoje em dia a Editora Globo está entregue a esse jovem Bertaso, que fisicamente é a imagem do pai, mas numa espécie de *blow-up*. Tem a seu lado, como chefe do departamento de vendas, o seu primo Fernando José, filho de Paulo, o irmão mais moço de Henrique, e já falecido. Quando visito as novas instalações da Editora, no prédio que a Livraria do Globo edificou na avenida Getúlio Vargas — um salão imenso, com luz a jorrar de grandes janelas, de todos os lados, móveis modernos e um considerável número de secretários, revisores, desenhistas, *layout men* sentados cada qual a sua mesa de trabalho —, não posso deixar de pensar nos cubículos que Henrique e eu ocupávamos na pré-História da Editora, mesmo no princípio de sua História, e ainda no seu período áureo em que éramos no Brasil os lançadores de escritores europeus e norte-americanos até então desconhecidos entre nós.

O ano passado entreguei aos primos Bertaso — que estão introduzindo métodos modernos na Editora — os originais de meu décimo quarto romance, *Incidente em Antares*. Sentei-me à mesa com os dois jovens para discutir pormenores sobre o lançamento desse novo livro, esforçando-me por não parecer um dinossauro ou um megatério. De repente, por artes da memória, o José Otávio adulto se sumiu e o que vi na minha frente foi o menino Zé, de quatro ou cinco anos de idade, tal como eu conhecera a brincar com meus filhos nas escadas e corredores daqueles apartamentos da rua São Rafael. Era o Tempo, esse alquimista impiedoso, que operava mais uma de suas bruxarias...

XXXIII

— Será que estamos mesmo velhos, Henrique? — perguntei ao meu companheiro alguns dias mais tarde.

Henrique encolheu os ombros.

— Acho que envelhecer é o preço que a gente paga para continuar vivo — respondeu ele, acrescentando: — Creio que foste tu mesmo quem escreveu esta frase.

— Conheci um velho gaúcho que costumava dizer que o homem, quando envelhece, começa a pelear em retirada e com pouca munição, mas que o importante mesmo é pelear...

Henrique Bertaso continua vivo e ativo na Livraria do Globo — não cessou de pelear, embora tenha sabiamente diminuído o ritmo de sua ação. Quanto a mim, estou projetando uma viagem à Europa — sem pressas de turista —, uma nova visita aos netos americanos. Sim, e mais um romance, que não sei ainda ao certo o que vai ser, mas que já deve estar em estado nebuloso no meu inconsciente. Nossa munição, enfim, parece que não se acabou. O que se acaba é esta crônica informal, feita ao correr da máquina e das lembranças, e na qual procurei falar dum homem decente e bom, que dedicou cinquenta anos de sua vida à Livraria do Globo, deixando a sua marca inconfundível no mundo editorial brasileiro.

Relendo esta crônica, verifico constrangido que falei demais em mim mesmo e nos meus livros. Mas... poderia ser de outro modo, considerando-se que Henrique Bertaso e eu durante tantos anos estivemos atrelados à mesma carroça, envolvidos nas mesmas viagens, cruzando os mesmos campos, enfrentando as mesmas borrascas e gozando das mesmas bonanças?

Mais uma vez me vêm à mente os mais escuros dias de nossa jornada — crises políticas e econômicas, golpes de Estado, revoluções, atrocidades, guerras que pareciam prenunciar o fim do mundo... Ouço então com a memória a voz de Henrique: "Não há de ser nada. Vamos tocar para a frente!".

Obrigado, Henrique, tu talvez não saibas o quanto essas palavras me ajudaram.

Erico Verissimo
abril de 1972

Crônica biográfica e literária

OS CAMPEADORES DE LIVROS

Flávio Aguiar

> [...] crônica informal, feita ao correr da máquina e das lembranças, e na qual procurei falar de um homem decente e bom, que dedicou cinquenta anos de sua vida à Livraria do Globo, deixando a sua marca inconfundível no mundo editorial brasileiro.
>
> *Erico Verissimo*

Um certo Henrique Bertaso é uma crônica sobre uma amizade tão imorredoura que sobreviveu à própria morte de seus protagonistas. Erico morreu em 1975, no fim do ano; Henrique Bertaso, em 1977. A marca que ambos deixaram na vida cultural brasileira foi muito além da editora que criaram e da literatura que o primeiro produziu e o segundo publicou, e daquela que ambos buscaram e ofereceram primorosamente ao leitor brasileiro. Erico Verissimo e Henrique Bertaso hoje são personagens da narrativa construída por suas vidas, e se projetam no espaço sem limites da arte literária. Dava para fazer um filme sobre suas vidas e o que o encontro dos dois significou para a cultura brasileira.

Um certo Henrique Bertaso é ao mesmo tempo a crônica de uma época, a história da invenção e da construção de uma editora por um grupo de intelectuais ousados e criativos, e a narrativa de uma carreira literária.

O autor começa o livro relatando seus anos de formação como leitor. Desfilam diante de nossos olhos — assim como um dia diante dos olhos do adolescente Erico Verissimo — as obras de

Zola e Flaubert, Ibsen e Norman Douglas, ao lado de curiosidades como o que ele denomina "romance canalha": *La Chemise de Mme. Crapuleaux*. Dentre suas preferências, é marcante a que dedica a *Os sertões*, de Euclides da Cunha, de quem certamente herdará o impulso de pretender, numa obra de fôlego, interpretar o Brasil (como fará mais adiante em *O tempo e o vento*).

Anos depois, Erico chega a Porto Alegre vindo de Cruz Alta e logo embarca, com Bertaso, numa apaixonada e apaixonante aventura livresca: a trepidante modernização do mundo editorial brasileiro, em corpo e em espírito. Com efeito, a aventura da criação da Editora Globo teve início com o encontro de Verissimo e Henrique Bertaso: a combinação de duas potentes paixões pelos livros, junto com o tino empresarial herdado do velho José Bertaso (que garantiria um alicerce — a livraria — seguro ao empreendimento) por Henrique. Já Erico trouxe para o dueto uma visão profissional que incluía pesquisas sistemáticas sobre a produção literária contemporânea, tanto nacional como internacional. E os agentes do feito — liderados por Bertaso e Erico — foram alguns dos frequentadores do segundo andar da Livraria do Globo, mais especificamente do escritório de Mansueto Bernardi, diretor da *Revista do Globo*: era lá que se reuniam as rodinhas literárias da província.

Literárias e também políticas, aliás. Como num painel de romance histórico, Erico nos faz entrever, em meio à "pequena multidão" que andava por lá, os vultos esporádicos, mas marcantes, de Getúlio Vargas, João Neves da Fontoura e Oswaldo Aranha: a Revolução de 30 também amarrara as rédeas de seus cavalos nos altos da Livraria do Globo!

Entre registros pitorescos, por exemplo a mestria com que Erico, ao montar a Revista do Globo, colava e plagiava materiais de outras publicações, ou as "barrigas" comidas pelos dois novos editores ao perder obras como *E o vento levou* por erro de avaliação, o que predomina na narrativa, sempre simples e despretensiosa, é a sensação vertiginosa da mudança que se opera na paisagem editorial e intelectual do país: inaugura-se, com a contribuição fundamental da Globo, uma era democrática inédita no mundo editorial e intelectual.

Bertaso e Erico nortearam suas decisões — tanto empresariais como editoriais — por critérios ao mesmo tempo sólidos e ousados: em primeiro lugar, empreenderam uma vigorosa diversificação do catálogo. Ao mesmo tempo, adotaram a prática de compor coleções de livros. Embora a ideia não fosse inédita no mercado brasileiro, a Globo foi pioneira ao insistir numa produção a preço baixo sem sacrifício da qualidade, tanto no que diz respeito a conteúdo quanto a apresentação gráfica.

Dessa estratégia nasceram, por exemplo, a Coleção Amarela, de livros policiais, e a Coleção Globo, com volumes de bolso mas com capa cartonada, e impressos em várias cores. Assim, a editora foi constituindo um catálogo diversificado, com muitas vertentes: havia livros de aventuras, melodramas e folhetins, ao lado do que se costuma denominar "alta literatura", com nomes como Púchkin, Gógol e Stevenson, por exemplo. Karl May, um escritor popular, foi publicado ao lado de Liev Tolstói.

A editora também apostou em autores brasileiros de todo o país, bem como nos gaúchos novíssimos, por exemplo Mario Quintana e Dyonelio Machado. Paralelamente, viajou pela literatura infantojuvenil, setor que na época passava por mudanças efervescentes porque as crianças estavam deixando de ser vistas como "futuros adultos" para ser entendidas como seres dotados de um mundo próprio.

Um verdadeiro achado editorial foi a Coleção Nobel, que reunia, além dos agraciados com o prêmio da academia sueca, outros escritores de renome mundial. Com ela, Erico e Bertaso — e a Editora Globo — atingiram um novo patamar de profissionalização, passando a contratar tradutores a salário fixo e equipando-os com dicionários e outras fontes de consulta pagos pela própria editora. Entre os tradutores estavam, por exemplo, Mario Quintana, Carlos Drummond de Andrade, Cecília Meirelles, Paulo Rónai e por aí afora. Nossa moldura intelectual, antes esculpida e pintada quase toda na França, se diversificou. Campereando livros, os editores viajavam — e com eles o público brasileiro — pelos Estados Unidos e pela Inglaterra, Alemanha, Rússia, Itália etc. Bertaso vai pela primeira vez, em 1937, à Feira Internacional de Leipzig, na Alemanha.

De acordo com os princípios pluralistas da editora, surge a extraordinária Biblioteca dos Séculos, que abrigou, por exemplo, Platão, Aristóteles, Montaigne, Balzac e Proust. Na vertente regional, publicou-se uma das joias da editora: *Contos gauchescos e lendas do sul*, de Simões Lopes Neto, com prefácio, notas e glossário de Aurélio Buarque de Hollanda Ferreira. O escritor pelotense deixava de ser um obscuro regionalista gaúcho, visto em outras partes do país como alguém que "escreve errado", para começar a marcha que o celebraria como um dos precursores de Guimarães Rosa, um dos expoentes do conto literário, ao lado de literatos da envergadura de Poe, Maupassant, Machado e Tchékhov.

Um certo Henrique Bertaso foi escrito em 1972. Erico acabara de publicar o que seria seu último romance: *Incidente em Antares*, livro no qual, entre outras coisas, realizou um balanço paródico de sua grande obra *O tempo e o vento*. De certo modo, *Um certo Henrique Bertaso* retomava esse viés. Primeiro, e a começar pelo título, o livro atribui ao amigo algo da aura romântica, corajosa, aventureira e até quixotesca do Capitão Rodrigo, personagem inesquecível da saga gauchesca de Erico. Segundo, recorrendo ao estilo coloquial da crônica, ele conta um pouco do que ocorreu nos bastidores. Bastidores esses que, embora costumem ficar na sombra, são o suporte indispensável das grandes aventuras do espírito da literatura. O leitor constata que o parque (em todos os sentidos da palavra) editorial pode ser um mundo tão fascinante quanto aqueles que ele leva ao público leitor por meio dos livros.

Biografia de Erico Verissimo

Erico Verissimo nasceu em Cruz Alta (RS), em 1905, e faleceu em Porto Alegre, em 1975. Na juventude, foi bancário e sócio de uma farmácia. Em 1931 casou-se com Mafalda Halfen von Volpe, com quem teve os filhos Clarissa e Luis Fernando. Sua estreia literária foi na *Revista do Globo*, com o conto "Ladrões de gado". A partir de 1930, já radicado em Porto Alegre, tornou-se redator da revista. Depois, foi secretário do Departamento Editorial da Livraria do Globo e também conselheiro editorial, até o fim da vida.

A década de 30 marca a ascensão literária do escritor. Em 1932, ele publica o primeiro livro de contos, *Fantoches*, e em 1933 o primeiro romance, *Clarissa*, inaugurando um grupo de personagens que acompanharia boa parte de sua obra. Em 1938, tem seu primeiro grande sucesso: *Olhai os lírios do campo*. O livro marca o reconhecimento de Erico no país inteiro e em seguida internacionalmente, com a edição de seus romances em vários países: Estados Unidos, Inglaterra, França, Itália, Argentina, Espanha, México, Alemanha, Holanda, Noruega, Japão, Hungria, Indonésia, Polônia, Romênia, Rússia, Suécia, Tchecoslováquia e Finlândia. Erico escreve também livros infantis, como *Os três porquinhos pobres*, *O urso com música na barriga*, *As aventuras do avião vermelho* e *A vida do elefante Basílio*.

Em 1941 faz uma viagem de três meses aos Estados Unidos a convite do Departamento de Estado norte-americano. A estada resulta na obra *Gato preto em campo de neve*, o primeiro de uma série de livros de viagens. Em 1943, dá aulas na Universidade de Berkeley. Volta ao Brasil em 1945, no fim da Segunda Guerra Mundial e do Estado Novo. Em 1953 vai mais uma vez aos Estados Unidos, como diretor do Departamento de Assuntos Culturais da União Pan-Americana, secretaria da Organização dos Estados Americanos (OEA).

Em 1947 Erico Verissimo começa a escrever a trilogia *O tempo e o vento*, cuja publicação só termina em 1962. Recebe vários prêmios, como o Jabuti e o Pen Club. Em 1965 publica *O senhor embaixador*, ambientado num hipotético país do Caribe que lembra Cuba. Em 1967 é a vez de *O prisioneiro*, parábola sobre a intervenção dos Estados Unidos no Vietnã. Em plena ditadura, lança *Incidente em Antares* (1971), crítica ao regime militar. Em 1973 sai o primeiro volume de *Solo de clarineta*, seu livro de memórias. Morre em 1975, quando terminava o segundo volume, publicado postumamente.

Obras de Erico Verissimo

Fantoches [1932]
Clarissa [1933]
Música ao longe [1935]
Caminhos cruzados [1935]
Um lugar ao sol [1936]
Olhai os lírios do campo [1938]
Saga [1940]
Gato preto em campo de neve [narrativa de viagem, 1941]
O resto é silêncio [1943]
Breve história da literatura brasileira [ensaio, 1944]
A volta do gato preto [narrativa de viagem, 1946]
As mãos de meu filho [1948]
Noite [1954]
México [narrativa de viagem, 1957]
O senhor embaixador [1965]
O prisioneiro [1967]
Israel em abril [narrativa de viagem, 1969]
Um certo capitão Rodrigo [1970]
Incidente em Antares [1971]
Ana Terra [1971]
Um certo Henrique Bertaso [biografia, 1972]
Solo de clarineta [memórias, 2 volumes, 1973, 1976]

O TEMPO E O VENTO

Parte I: *O continente* [2 volumes, 1949]
Parte II: *O retrato* [2 volumes, 1951]
Parte III: *O arquipélago* [3 volumes, 1961-62]

OBRA INFANTOJUVENIL

A vida de Joana d'Arc [1935]
Meu ABC [1936]
Rosa Maria no castelo encantado [1936]
Os três porquinhos pobres [1936]
As aventuras do avião vermelho [1936]
As aventuras de Tibicuera [1937]
O urso com música na barriga [1938]
Outra vez os três porquinhos [1939]
Aventuras no mundo da higiene [1939]
A vida do elefante Basílio [1939]
Viagem à aurora do mundo [1939]
Gente e bichos [1956]

Copyright do texto © 2011 by Herdeiros de Erico Verissimo
Copyright da ilustração © 2011 by Rodrigo Andrade
Copyright do prefácio © 2011 by Luis Fernando Verissimo

Texto fixado pelo Acervo Literário de Erico Verissimo, com base na edição princeps, sob a coordenação de Maria da Glória Bordini.

Grafia atualizada segundo o Acordo Ortográfico da Língua Portuguesa de 1990, que entrou em vigor no Brasil em 2009.

CAPA E PROJETO GRÁFICO Raul Loureiro

IMAGEM DE CAPA E QUARTA CAPA Autor desconhecido/ Acervo Erico Verissimo/ Instituto Moreira Salles

IMAGENS DO CADERNO DE FOTOS pp. 1, 2, 3, 4, 5, 6, 7, 8 e 16: Autor desconhecido/ Acervo Literário Erico Verissimo/ Instituto Moreira Salles; p. 8 (ao centro): Cortesia Maria Helena Martins; pp. 9, 10, 11, 12, 13, 14 e 15: Acervo Fotográfico do Museu de Comunicação Hipólito José da Costa

ESTABELECIMENTO DE TEXTO Maria da Glória Bordini e Eduardo Belmonte de Souza

SUPERVISÃO EDITORIAL, CRONOLOGIA E TEXTOS FINAIS Flávio Aguiar

EDIÇÃO Heloisa Jahn

REVISÃO Viviane T. Mendes e Marise Leal

1ª edição, 1972
2ª edição, 2011

Dados Internacionais de Catalogação na Publicação (CIP)
(Câmara Brasileira do Livro, SP, Brasil)

Verissimo, Erico, 1905-1975.
  Um certo Henrique Bertaso : pequeno retrato em que o pintor também aparece/ Erico Verissimo ; ilustração Rodrigo Andrade ; prefácio Luis Fernando Verissimo. — São Paulo : Companhia das Letras, 2011.

ISBN 978-85-359-1840-3

1. Bertaso, Henrique d'Avilla, 1906-1977 2. Editora Globo – História 3. Rio Grande do Sul – Vida intelectual I. Andrade, Rodrigo. II. Verissimo, Luis Fernando. III. Título.

11-02999   CDD-070.5092

Índice para catálogo sistemático:
1. Editores : Biografia 070.5092

[2011]
Todos os direitos desta edição reservados à
EDITORA SCHWARCZ LTDA.
Rua Bandeira Paulista 702 cj. 32
04532-002 — São Paulo — SP
Telefone: (11) 3707 3500
Fax: (11) 3707 3501
www.companhiadasletras.com.br
www.blogdacompanhia.com.br

Esta obra foi composta em Janson
por Osmane Garcia Filho e impressa
pela RR Donnelley em ofsete sobre
papel pólen bold da Suzano Papel e
Celulose para a Editora Schwarcz
em junho de 2011.